TROYON

HISTOIRE ET STATISTIQUE,

PAR

H. LABOURASSE,

OFFICIER D'ACADÉMIE,

*Membre correspondant de l'Académie de Stanislas,
de la Société des Lettres, Sciences et Arts de Bar-le-Duc,
et de la Société académique de l'Aube,
Lauréat de ces deux dernières Sociétés.*

BAR-LE-DUC,
IMPRIMERIE CONTANT-LAGUERRE.

1896.

TROYON 1916

HISTOIRE ET STATISTIQUE.

Cet opuscule, couronné par la Société des Lettres, Sciences et Arts de Bar-le-Duc, en 1895, est extrait des Mémoires de cette Société.

TIRAGE A 60 EXEMPLAIRES.

N°

TROYON

HISTOIRE ET STATISTIQUE,

PAR

H. LABOURASSE,

OFFICIER D'ACADÉMIE,

Membre correspondant de l'Académie de Stanislas,
de la Société des Lettres, Sciences et Arts de Bar-le-Duc,
et de la Société académique de l'Aube,
Lauréat de ces deux dernières Sociétés.

BAR-LE-DUC,
IMPRIMERIE CONTANT-LAGUERRE.
—
1896.

EXTRAIT DU RAPPORT

fait par M. KONARSKI, *au nom de la Commission du VI⁰ Concours.*

La notice de M. Labourasse, *Troyon : Histoire et Statistique*, égale en étendue à la précédente, peut se résumer en deux mots. L'auteur, tant soit peu infidèle au titre qu'il a choisi, a pris le contre-pied de ce qu'a fait M. Prudhomme : très peu de statistique, peu de géographie, et beaucoup d'histoire.

Envisagé au point de vue de l'étude géographique, le travail que nous allons parcourir ne saurait, Messieurs, entrer en lice avec celui que nous venons de quitter. Est-ce à dire qu'il soit, sous ce rapport, traité à la légère et dépourvu de valeur? Non certes! Il est aisé de comprendre, et notre pensée ne va pas plus loin, que dans les vingt-cinq ou trente pages auxquelles il a intentionnellement borné l'étude physique, agricole, industrielle et commerciale de Troyon, M. Labourasse n'a pu mettre les développements et l'abondance des détails dont M. Prudhomme a rempli quatre-vingts pages, plus de la moitié de son manuscrit. Là où M. Prudhomme s'attarde à dessein pour semer la bonne parole avec l'ardente conviction du professeur d'agriculture et fouiller son sujet, jusqu'à l'excessive minutie parfois, avec le microscope du chef de laboratoire, M. Labourasse, que de discrètes statistiques n'effraient d'ailleurs pas, lui non plus, voit de larges ensembles et dessine à grands traits, comme il a vu. Lisez, après les quatre pleins feuillets de l'un, les quarante lignes de l'autre, et dites-nous si, mal édifiés peut-être sur les mares, les lavoirs et les routoirs de Troyon, vous n'êtes cependant pas suffisamment renseignés, en fin de compte, sur ce que l'hydrographie de ce territoire présente de réellement digne d'intérêt? L'admirable chapitre de M. Prudhomme sur les cultures de Contrisson ne sera, nous semble-t-il, pleinement savouré que des spécialistes ; M. Labourasse nous dit de Troyon agricole tout ce qu'en doit savoir ce que nos aïeux appelaient un honnête homme. Tout autant que son concurrent, M. Labourasse pense qu'il faut de l'engrais ; mais il le dit plus vite, et donnerait volontiers, au fond, si l'on soupçonne, tous les engrais du monde avec, par-dessus le marché, toutes les statistiques, pour une jolie coutume ancienne ou pour un beau titre avec son scel pendant sur queue de parchemin.

Plusieurs indications, que nous avons cherchées en vain dans la monographie précédente, ont leur place dans celle qui nous occupe maintenant : telles sont l'énumération des familles les plus importantes du pays avant la Révolution ; la nomenclature — signalée à l'attention des Sociétés savantes par le Comité des travaux historiques — des prénoms et des surnoms les plus répandus autrefois ; des renseignements sur le langage et le patois de la localité ; quelques mots sur les notaires, les médecins et les sages-femmes depuis les dernières années du XVII° siècle. A défaut de contrats remontant à l'ancien régime, dont les archives communales n'ont gardé aucun spécimen, un engagement signé en 1831, « en présence du conseil de fabrique », par un candidat à la direction de l'école, nous révèle ce qu'était encore il y a soixante ans à peine la situation de l'instituteur « chargé de balayer l'église ». Sur cette clause s'ouvre précisément le chapitre consacré au passé religieux du village. Tout particulièrement documenté, grâce à la richesse exceptionnelle et à l'antiquité des archives paroissiales, l'interminable catalogue de fondations pieuses dont l'auteur a cru devoir le grossir encore, lui donne même des proportions anormales dans l'ensemble de la monographie (1). L'intérêt qu'il présente, non seulement pour les fidèles de l'église de Troyon, mais encore pour l'histoire religieuse de la province, n'en demeure pas moins incontestable.

Indépendamment des différents sujets ainsi exposés dans les deux premiers tiers du manuscrit, un dernier et long chapitre, spécialement consacré à l'histoire chronologique de la commune, termine la *monographie de Troyon*. Histoire ? Le terme est peut-être ambitieux. L'humble village n'a pas d'histoire, nous dit, en commençant, M. Labourasse. Il ne s'agit que d'éphémérides échelonnées depuis le XI° siècle et que nul lien, la plupart du temps, ne rattache entre elles, que « de faits épars, qui n'ont pu trouver place ailleurs ». En admettant que le passé de Troyon soit aussi ingrat que le prétend son annaliste, ce chapitre final, composé de notes sur la seigneurie de Lisle-les-Troyon et sur le village de Jossecourt disparu depuis quatre cents ans, ne

---

(1) De nombreuses suppressions ont été effectuées sur ce point en vue de l'impression dans les *Mémoires* de la Société.

montre que mieux le mérite de celui qui est parvenu à en rassembler les éléments. Cette vie antérieure, dont si peu de traces subsistent sur les lieux mêmes, notre confrère — rompu dès longtemps, nous le savons du reste, aux travaux de ce genre — a compris, lui, qu'il était indispensable d'en aller chercher avec ténacité les témoins partout où il semblait possible de les retrouver. Loin de borner ses recherches aux archives de la mairie et de la fabrique, il a interrogé notre dépôt départemental, celui de Meurthe-et-Moselle, les Archives nationales. La liste des sources imprimées qu'il a consultées en même temps parle assez éloquemment au seuil de sa notice, et l'abondante récolte qu'il nous présente s'explique par le labeur accompli.

Conduites l'une et l'autre d'après ce programme de 1889, dont M. Labourasse a su mieux qu'aucun de ses concurrents éluder à propos les consignes tâtillonnes et modifier les groupements anormaux, consacrées à deux villages d'égale importance et vivant de la même vie exclusivement agricole, rédigées par deux travailleurs connaissant à fond le coin de terre dont ils nous parlent, les deux monographies dont nous venons de montrer la physionomie d'ensemble s'opposent l'une à l'autre comme différant entre eux par leurs études spéciales, par leurs préoccupations professionnelles, par leurs idées, par leur âge même — par leur âge surtout, peut-être — les deux hommes qui les ont écrites. L'une est l'œuvre d'un agronome, d'un économiste et d'un statisticien ; l'autre celle d'un annaliste. L'une dénote principalement le souci du présent et de ses intérêts matériels ; l'autre s'attache de préférence à l'évocation du passé. Fusionnées dans un travail unique, les qualités différentes qui prédominent en chacune d'elles engendreraient un type d'une perfection absolue. Telles qu'elles sont, elles méritent encore d'être prises utilement pour modèle de ces monographies de communes ignorées sur lesquelles de rares et arides renseignements ne peuvent être glanés qu'au prix d'ingrates et souvent inutiles investigations. Et votre Commission, Messieurs, se félicite hautement qu'une heureuse fortune, en l'affranchissant de la tâche délicate de décider auquel d'entre ces deux concurrents appartiendra la prééminence, vous permette de leur décerner à l'un et à l'autre, réunis côte à côte dans la victoire comme dans la lutte, deux récompenses d'un ordre élevé et de valeur absolument égale. Au prix unique attribué dans le principe à la VI° section sont venus s'ajouter deux prix inattendus. Nous vous proposons de les décerner à MM. Labourasse et Prudhomme, en plaçant leurs travaux au même rang, immédiatement après celui dont il nous reste à vous entretenir.....

LISTE DES SOUSCRIPTEURS

La Commune de Troyon, 2 exemplaires.

Conseil municipal.

MM. Massonpierre-Dognon, maire.
   Grosdidier, Louis-Charles, adjoint.
   Berteaux, Joseph-Auguste.
   Jamin, Joseph.
   Jauny-Dognon.
   George, Charles.
   Henry, Jules.
   Henry, Justin.
   Laurent, Charles-Édouard.
   Leblan, Jules.
   Mathieu, Louis-Charles.
   Thiéry, Victor.
   } Conseillers municipaux.

MM. Longeaux, curé de Troyon.
   Léclancher, instituteur.
   Leclère, 🎖, brigadier de gendarmerie.
   Burlin, Célestin, propriétaire.
   Colnard, Théophile, cultivateur.
   Fortin, Charles, cultivateur.
   Garot, Henri-Louis, cultivateur.
   Gasson, Auguste, propriétaire.
   George, Vital, propriétaire.
   Guérel, Jean-Baptiste, propriétaire.
   Goujon, Charles-Honoré, rentier.
   Grosdidier, Alphonse, propriétaire.
   Grosdidier, Clément, propriétaire.
   Laruelle, Dominique, propriétaire.

— x —

MM. Laurent, Jean-Édouard, rentier.
Leblan, Honoré, rentier.
Mettavant, Dominique, rentier.
Philippot, Ernest, propriétaire.
Piedfer, Henri-Joseph, cultivateur.
Simon, Ernest, propriétaire.
Tridon, Édouard, cultivateur.
Tridon-Jamin, Félix, propriétaire.
Zambeaux, Auguste, cultivateur.
Mme Ve Aubry, Augustin, rentière.
Mlles Varaigne, receveuse des postes.
Lallement, Clémence.

Addition à la page 84.

Par décret présidentiel du 24 juin 1896, M. l'abbé ÉNARD, enfant de la Meuse, archiprêtre de Commercy, ancien curé de Troyon, a été nommé évêque de Cahors. Le clergé du diocèse de Verdun, où il a fait sa carrière ecclésiastique, a applaudi à cette nomination qui se faisait attendre. Tous regretteront le prédicateur distingué, l'homme affable, libéral et hospitalier, digne et populaire à la fois, qui va porter, loin de son pays d'origine en n'y laissant que des regrets, les talents et les qualités qui lui ont valu la sympathie générale.

AVANT-PROPOS.

 MESURE que l'instruction se développe, la curiosité s'accroît; et après avoir appris à grands traits l'histoire de sa patrie ou de sa province, on sent le besoin de connaître plus en détail celle de son village et de ses aïeux. Les monographies locales répondent à cette aspiration légitime. Heureux seraient leurs auteurs si, aidés de documents authentiques, ils pouvaient découvrir les noms des possesseurs successifs du sol, — l'origine certaine et les développements progressifs du hameau ou de la bourgade, — et nous faire assister, de siècle en siècle, aux longs et douloureux enfantements de l'affranchissement de la commune! C'eût été là de bonne histoire, intéressante et instructive, à la fois très-propre à redresser bien des erreurs et à nous initier aux joies et aux souffrances de nos ancêtres.

Mais cette bonne fortune est rare, même quand il s'agit de villes importantes, et nous serons obligé, pour nous guider dans le travail qui va suivre, de recourir souvent à des chroniques succinctes, — à des chartes obscures, peu détaillées, quelquefois même apocryphes, — et à des récits souvent contradictoires. Comment, avec de tels matériaux, composer une notice un peu suivie? Comment lier, dans la narration, tant d'éléments incomplets et disparates? Nous l'avons tenté cependant, bien que le passé historique de Troyon soit des plus ingrats, et que très-rarement son nom figure dans les fastes du Barrois et de la

Lorraine. Ne l'en plaignons pas trop, car l'histoire d'un village est plus souvent celle des calamités qu'il a subies que le tableau consolant de ses progrès et de son évolution pacifique.

On jugera peut-être que nous sommes entré dans quelques détails oiseux. Ces détails statistiques, qui nous ont fait à peu près défaut pour les siècles qui précèdent, serviront de points de comparaison à ceux qui plus tard seraient tentés de nous suivre. Rien n'est de trop dans une chronique locale. Il est temps qu'une loi, réclamée par le bon sens, impose aux communes la tenue d'un registre d'éphémérides où seraient consignés à mesure tous les faits un peu importants qui intéresseraient chacune d'elles. Ce registre, tenu constamment à jour, constituerait avec le temps une histoire locale absolument authentique.

Nous saura-t-on quelque gré d'avoir tenté de défricher un champ ingrat et hérissé d'épines? C'est l'unique récompense que nous ambitionnons pour un travail qui nous a imposé de nombreuses, coûteuses et laborieuses recherches.

Voici d'ailleurs l'indication des principales sources où nous avons puisé :

DOM CALMET :	*Histoire de Lorraine.*
	Notice sur la Lorraine, 2e édition.
DUMONT :	*Histoire de Saint-Mihiel.*
	Nobiliaire de Saint-Mihiel.
	Ruines de la Meuse.
DOM DE L'ISLE :	*Histoire de l'abbaye de Saint-Mihiel.*
WASSEBOURG :	*Antiquités de la Gaule belgique.*
ROUSSEL :	*Histoire de Verdun continuée et annotée, 1863.*
LAPAIX :	*Armorial.*
HUSSON L'ÉCOSSOIS :	*Simple crayon.*
DURIVAL :	*Description de la Lorraine et du Barrois.*
A. DIGOT :	*Histoire de Lorraine.*
CLOUET :	*Histoire de Verdun.*
V. SERVAIS :	*Annales historiques du Barrois.*
JEANTIN :	*Manuel de la Meuse.*
A. BUVIGNIER :	*Géologie de la Meuse.*
F. LIÉNARD :	*Répertoire archéologique de la Meuse.*
C. BONNABELLE :	*Notices, Almanachs et Annuaires.*

Pouillés divers du diocèse de Verdun.

Mémoires et *Journaux de la Société d'archéologie lorraine.*
—   *de l'Académie de Stanislas de Nancy.*
—   *de la Société des lettres, sciences et arts de Bar-le-Duc.*
—   *de la Société philomathique de Verdun.*

Archives nationales.
—   *de Meurthe-et-Moselle.*
—   *départementales de la Meuse.*
—   *de Troyon,* mairie et fabrique.
—   des particuliers.

Lettres et notes de nombreux correspondants à qui nous exprimons toute notre gratitude.

Mesures, poids et monnaies cités. — Le *jour*, la *fauchée* et l'*arpent* en usage à Troyon comprenaient : 120 verges de 16 pieds de France ou de roi, le pied de 12 pouces, le pouce de 12 lignes et la ligne de 12 points. Sa valeur était de 32 ares 40 centiares.

Pour les grains, on employait le *franchard* de Verdun, qui, râclé valait 25 litres 56 cent., et comble, un quart en plus ou 31 litres 95 cent.

La *pièce* de Saint-Mihiel valait 72 *pots* de Bar ou 166 litres 8 cent. Le pot de Bar valait 2 litres 316 et la *pinte* 1 litre 158 cent.

Nous aurons à parler de *bichets* et de *boisseaux.*

Le bichet de Gondrecourt valait 68 litres 27 cent. râclé; comble, 85 litres 33 cent. Le *resal* ou *setier* valait deux bichets. A Nancy, 133 litres 40 cent. le resal râclé.

Le boisseau de Saint-Mihiel correspondait à 19 litres 28 cent. râclé; comble, à 25 litres 70 cent. Celui de Condé, à 19 litres 73 et 26 litres 31.

A Verdun :

Le *red* ou *rez* était de 16 franchards râclés;

Le *poignet*, le quart du franchard râclé ou 6 litres 39 cent.;

Le *setier*, pour les liquides, 4 pots ou 9 litres 92 cent.;

Le *pot*, 2 litres 48 cent.;

Le *muid* de grains, 100 boisseaux au XVIIe siècle.

Le pied de France ou *pied de roi* valait 12 pouces de 12 lignes, et la ligne de 12 points, ou 0^m,32484.

Le pied de Lorraine valait par rapport au pied de roi 10 pouces 6 lignes et 9 points ou 0^m,28592.

Et le pied barrois, 10 pouces, 10 lignes, 6 points ou 0^m,29438.

La *toise* valait 6 pieds de roi ou 1^m,949.

L'*aune* de Paris valait 1^m,188 environ.

La *livre-poids* se décomposait en 16 *onces*, l'once valait 8 *gros* et le gros 72 *grains*. Sa valeur était de 489 grammes 50 cent.

Le *quintal* valait 100 livres.

L'usage des monnaies offrait de sérieuses difficultés. On employait simultanément la *livre tournois* ou de France, la *livre de Verdun*, celle *de Lorraine* et le *franc barrois*.

La livre tournois et celle de Verdun se divisaient en 20 *sous* de 12 *deniers* chacun. La première valait 0 fr. 98765, et la seconde les trois cinquièmes ou 0 fr. 5926. — Le *liard* était le quart du sou tournois.

La livre lorraine valait 0 fr. 7646. Elle se divisait en 10 sous de 10 deniers chacun.

Le franc barrois se décomposait en 10 gros de 10 deniers et valait 0 fr. 4233.

— Pour ce qui précède nous avons comparé les évaluations de MM: *Denis*, *de Riocour*, *A. Thirion* et *Geoffroy*, dans des ouvrages spéciaux.

TROYON.

Il est difficile aujourd'hui de se représenter l'aspect de nos contrées il y a neuf ou dix siècles. Des forêts presque vierges où vivaient l'élan, le cerf, le chevreuil, le taureau sauvage, le loup, le buffle, le sanglier, couronnaient les collines qui séparent la Meuse de la Woëvre, et la plupart des plateaux de ce qu'on nomme encore le *haut pays*. Nos plantureuses vallées, nos prairies même étaient sur bien des points incultes et envahies par les broussailles.

C'est que les invasions avaient passé par là, ruinant tout sur leur passage. Les Francs, nos ancêtres, belliqueux avant tout, inhabiles à cultiver la terre, se partagèrent à la fois le sol conquis par eux et ce qui restait d'habitants, Romains, Gaulois ou Barbares, dont ils firent leurs esclaves ou serfs. Mais disons à l'honneur de l'humanité qu'alors le serf n'appartenait à son maître ni dans sa vie ni dans son corps, comme l'esclave de Rome ou du Nouveau-Monde. Il était avant tout l'homme de la seigneurie : attaché à la terre, il changeait de maître avec elle, et ne pouvait la quitter sans le congé de son seigneur.

Sur le bord d'une source ou d'un ruisseau, à l'entrée d'un vallon fertile, s'élevait de loin en loin une métairie, une ferme entourée de murs ou de palissades : c'était la demeure, la *manse* (*mansis*), le *mesnil*, la *court*, le *meix* du maître ou de son intendant (*villicus*), près de laquelle se groupaient, autour de l'église, du prêtre et de l'école qu'il avait ouverte (1), les chau-

(1) Charlemagne, on le sait, fut, sinon le créateur des écoles, du

mières de chétive apparence qui abritaient le bétail humain.

Telle fut la modeste origine de Troyon, dont le territoire ne recèle aucun vestige gaulois ou gallo-romain : tombes, substructions, armures, etc. Si Troyon fut devenue une ville opulente, on n'eût pas manqué de lui assigner une antique origine en la faisant fonder, douze siècles avant notre ère, par quelques Troyens échappés au désastre de leur patrie. En effet, le nom latin de Troyon, *Trojana* ou *Troiana villa*, ne signifie rien moins que *ville troyenne* (1).

« Ce serait, dit M. l'abbé Gabriel, notre très-regretté confrère (2), une intéressante et instructive histoire que celle des transformations lentes et successives de la propriété aux mains de l'homme des champs, depuis l'époque carolingienne jusqu'à nos jours. On la verrait à peine ébauchée, à peine existante, presque nulle aux premiers siècles qui suivirent la conquête. On en suivrait les phases successives de fixité, de stabilité, faibles d'abord, plus fortes ensuite, par lesquelles elle a passé. De concessions en concessions, presque toujours faites à perpétuité aux familles serves, sauf redevance au seigneur, il advint que les terres restées durant des siècles dans ces familles, devinrent, par la suite des temps et des révolutions, leur absolue et irrévocable propriété. Mais de combien de larmes, de douleurs inouïes, d'écrasantes misères, les serfs, nos ancêtres, ne l'ont-ils pas payée ! »

« C'est au christianisme, dit M. Henri Martin, dont le témoignage ne sera pas suspect, qu'on doit rapporter le principal honneur de l'extinction de l'esclavage domestique. Le clergé

---

moins leur vulgarisateur. A toute église fut jointe une école. — Le 28 avril 1310, l'archevêque de Trèves, Baudoin, tint dans sa ville épiscopale un synode provincial auquel assistèrent les évêques de Metz et de Verdun ses suffragants. On y renouvela *les anciens statuts*, qui ordonnaient à chaque curé d'avoir un maître d'école *lettré* (Dom Calmet, *Hist. de Lorraine*, t. III, p. 277).

(1) « *Hæc fugerint Graii premeret Trojana juventus* ».

« Ici les Grecs fuyant, pressés par la jeunesse troyenne ».

(*Enéide*, livre Ier, vers 472.)

(2) *Les Campagnes dans le Verdunois au* XIe *siècle.*

avait poussé avec zèle à l'affranchissement des serfs, en prêchant lui-même d'exemple. Les formules légales, les légendes, les monuments de tout genre portent témoignage à cet égard. Saint Benoît d'Aniane, par exemple, quand on donnait une terre à son abbaye, en émancipait tous les serfs » (*Hist. de France,* t. III, p. 11).

Les *lois* ou *coutumes* de *Beaumont-en-Argonne*, données par Guillaume aux Blanches-Mains, archevêque de Reims, en 1282, servirent de base et de modèle à presque toutes les chartes d'affranchissement des communes, du XIIIᵉ au XVᵉ siècle (1). Sans abolir les redevances féodales, qui étaient les impôts d'alors, elles les réglèrent, limitèrent les droits jusqu'alors arbitraires du seigneur, et accordèrent aux communautés naissantes, avec des magistrats municipaux, maires et échevins élus par leurs pairs, une autonomie et des privilèges qu'on se surprend quelquefois à regretter de nos jours. Dans ces temps qu'on qualifie volontiers de barbares, la commune libre avait le droit de s'administrer elle-même; en notre siècle éclairé, on l'a placée sous la plus étroite et la plus défiante des tutelles.

Il nous a paru indispensable, pour l'intelligence de ce qui suit, de donner les explications sommaires qui précèdent. Notre travail s'adresse, non pas aux érudits, mais surtout aux personnes qui n'ont eu ni le loisir ni l'occasion de s'initier aux origines des libertés que nous devons à la persévérante énergie de nos ancêtres.

A quelle époque Troyon, qui faisait partie du Verdunois, fut-il incorporé au Barrois? Les documents nous font défaut pour résoudre cette question d'une manière satisfaisante.

(1) « Ces coutumes furent trouvées si sages par les princes et les seigneurs voisins, et parurent en même temps si favorables aux peuples, que ceux-ci demandèrent avec grande instance et reçurent comme une grande faveur d'être soumis à ces lois » (Dom Calmet, *Hist. de Lorraine,* t. III, p. 118). Elles n'étaient presque plus suivies au dernier siècle; les seigneurs, pour des motifs divers, avaient peu à peu amélioré la condition des serfs d'autrefois, et qui dès lors différait moins qu'on ne pense de celle d'aujourd'hui.

A la mort de Clovis Ier, ses quatre fils se partagèrent sa conquête.

L'Austrasie échut à Thierry Ier. Elle était divisée en un certain nombre de *pagi* ou contrées d'étendues diverses, dont la plupart devinrent ensuite des duchés et des comtés. Le territoire qu'occupe aujourd'hui Troyon était compris dans le *pagus Virdunensis* ou pays Verdunois.

D'après les Annales historiques de Châlons-sur-Marne, nous savons que l'archevêque de Reims Hincmar, Egiscar et Ricuin furent délégués par Charles le Chauve comme *missi dominici* (1) dans les différents districts dont le Barrois faisait partie.

Il existait alors, sur la Meuse, un comté dit de Ricuin, que nous croyons être le même, et qui comprenait Bannoncourt. Peu après, ce comté, dont Saint-Mihiel était le centre, se fondit dans le Barrois; il avait été le point de départ d'accroissements successifs et considérables au détriment des descendants de Louis le Débonnaire. Troyon fut-il englobé dans le comté de Ricuin aux dépens du Verdunois? Quoi qu'il en soit, Troyon faisait déjà partie du Barrois à la fin du xie siècle, puisqu'il participait alors à la garde du château de Saint-Mihiel du temps de la comtesse Sophie, qui mourut en 1092. — Voir une *Dissertation sur l'origine du Barrois*, par M. P.-L.-A. Marchand, avocat à Saint-Mihiel.

ASPECT PHYSIQUE.

Orographie et hydrographie. — Le territoire de Troyon appartient tout entier au versant de la mer du Nord et au bassin secondaire de la Meuse. Il présente à l'est des vallons et des collines aux contours adoucis qui se rattachent à la chaîne *des*

---

(1) C'est-à-dire *envoyés du maître*. « Sous les rois francs de la seconde race on donnait ce nom à certains commissaires, institués par Charlemagne, qui étaient envoyés dans les provinces pour inspecter la conduite des ducs et des comtes, et pour juger en dernier ressort des cas d'appel dévolus au souverain ; leurs pouvoirs étaient très-étendus ». V. Bouillet, *Dictionnaire d'histoire et de géographie*.

Côtes ou Ardennes orientales, séparant le fertile plateau de la Woëvre de la vallée de la Meuse, qui comprend le reste du finage.

L'altitude maximum, à l'ancien signal, est de 292^m; l'altitude minimum, dans la vallée, de 212^m; et l'altitude moyenne du village, de 216^m (1).

Le finage est arrosé par la Meuse et par deux ruisseaux, ses affluents.

La Meuse coule dans une belle et large vallée presque totalement dépourvue de pente transversale, ce qui en constitue le principal élément de richesse. En eaux moyennes et pendant la plus grande partie de l'année, elle coule à pleins bords, sans éprouver de notables variations de niveau, soit en crue, soit en étiage.

Cette rivière, qui féconde sur le territoire de Troyon une riche prairie, ne court pas, comme un simple canal, prosaïquement à son but; elle s'égare en capricieux méandres et se divise en deux bras qui se réunissant forment un îlot considérable où l'on accède par le pont de Sartel (2). Le bras oriental ou *petite Meuse*, dont le courant est plus rapide, s'élargit d'année en année, et dans un temps peu éloigné, la Meuse proprement dite sera réduite au rôle de *fausse rivière*, si l'on n'y prend garde. Et cependant elle a porté jadis de petits bateaux. En 1099, Ornatus, abbé de Saint-Mihiel, fit transporter par eau, de cette ville à Verdun, le corps de son ami Rodolphe, abbé de Saint-Vanne, mort en odeur de sainteté au prieuré de Flavigny-sur-Moselle.

La Meuse débite 5.500 litres en moyenne par seconde en aval de Troyon.

Les deux ruisseaux qui se jettent dans la Meuse après avoir arrosé le territoire de Troyon sont ceux de Mouilly ou de Wascourt, et de Palameix ou de l'Iscrâle.

Le ruisseau de Mouilly prend sa source à l'est de ce village, descend vers la ferme d'Amblonville, arrose Rupt-en-Woëvre,

---

(1) L'altitude d'un lieu est son élévation au-dessus du niveau de la mer.

(2) Ce pont avec tablier en fer, œuvre durable d'une municipalité intelligente, construit en 1892, a coûté 22.000 fr.

et après un trajet de douze kilomètres, vient, grossi du ruisseau de Ranzières, se perdre dans la Meuse en face de Troyon où il alimente un modeste moulin. Signalons ici ce qui peut paraître une anomalie. Le ruisseau de Mouilly débite en moyenne 40 litres par seconde, sans compter les sources d'Amblonville et de Rupt; celui de Ranzières fournit 90 litres, et néanmoins le débit à Troyon n'est que de 120 litres. Cela tient à ce que le ruisseau coule, sur le territoire de Troyon, dans un sol calcaire très perméable (1).

Le second des affluents vient du village de Vaux-les-Palameix, arrose une vallée froide et marécageuse, passe près de la cense de Palameix et à la ferme de l'Iserâle, entre dans le finage de Lacroix et tombe dans la Meuse en aval de ce village. Son débit moyen n'est guère que de 40 litres.

A peu de distance de ce ruisseau sourd à mi-côte la belle source de l'Iserâle : c'est la seule qui existe sur le territoire, peu propre, par sa constitution géologique, à la captation des eaux pluviales.

Climat. — Situé à 3° 7′ de longitude orientale et à 49° 0′ de latitude septentrionale, Troyon appartient au climat du nord-est ou climat vosgien, caractérisé par des étés chauds et des hivers rigoureux, où les vents dominants sont ceux du sud-ouest et du nord-est, qui soufflent à peu près autant l'un que l'autre.

D'observations faites à Verdun de 1806 à 1842 par MM. Neucourt et Varaigne, il résulte que la température moyenne y est de 9° 9′ (2), et le nombre annuel moyen des jours de pluie de 140.

La quantité d'eau qui tombe annuellement à Troyon peut être évaluée en moyenne à 872 millim. de hauteur. En effet, de 1874 à 1880 inclusivement, il en est tombé chaque année : à Deuxnouds-aux-Bois, 730 $^m/_m$; à Maizey, 896 ; à Souilly, 988,6.

(1) Voir A. Buvignier, *Géologie de la Meuse.*
(2) La moyenne pour Troyon doit être un peu plus élevée; celle-là a été relevée à plus de 300 m. d'altitude (tours de la cathédrale).

Géologie. — Suivant M. A. Buvignier, le territoire de Troyon appartient à l'étage jurassique moyen et au groupe du coral-rag. On y trouve de nombreux polypiers (1), des cailloux roulés de diverses grosseurs, disséminés sans former de dépôts, et qui ont donné le nom à l'une des contrées du finage. Dans sa curieuse *Cosmogonie*, page 40, M. Bonnaire-Mansuy, notre compatriote (2), donne à ces cailloux une origine extra-fantaisiste. Les géologues s'accordent à dire qu'ils nous sont venus du versant des Vosges par le Val-de-l'Ane, entre Lay-Saint-Remy et Pagny-sur-Meuse, alors que la Moselle affluait dans la Meuse. Les fossiles y sont assez mal conservés. Nous y avons distingué plusieurs *stylina*, un *agaricia*, deux *alveopora*, des *corbis*, des *pecten*, des *nérites*, des *trochus*, et trois ou quatre variétés de *nérinées*. Dans la vallée de la Meuse, on trouve des alluvions parfois graveleuses et superficielles, qui constituent le sous-sol de terres et de prés secs peu fertiles.

La pierre à bâtir et la blocaille pour l'empierrement des routes sont les seuls produits géologiques utilisables.

Presque entièrement composé de crinoïdes, le calcaire de Troyon, autrefois assez recherché, offre le caractère d'un dépôt tout à fait pélagique. Sa densité, lors de son extraction, est de 2,498, et de 2,407 seulement quand il est sec. Son grain est grossier et sa texture homogène ; il résiste à l'air mais ne soutient pas ses arêtes; sa cassure est brillante, d'aspect blanchâtre, avec un reflet légèrement bleu. Certains bancs retiennent l'humidité, d'autres laissent passer l'eau : ceux-ci ne sont pas gélifs, tandis que chez les autres, l'action de la gelée ou simplement les alternatives de sécheresse et d'humidité décomposent le ciment qui réunit les articulations d'encrines, et réduisent peu à peu les blocs en sable calcaire impropre à tout usage.

La pierre de Troyon se vend, prise à la carrière, 40 francs le mètre cube sur commande, et en gros 18 à 20 francs.

(1) Ces polypiers ont fait donner à un lieudit de Lacroix, touchant au finage de Troyon, le nom de *Gaufière* (gaufrière), à cause de leur aspect alvéolé ou gaufré.

(2) Décédé à Saint-Mihiel, le 12 février 1841.

Dans la contrée dite Champigneulle, était ouverte une terrière (1) d'où l'on extrayait de la terre propre à faire un mortier commun, et au lieu dit « le Chaufour, » on exploitait un four à chaux dont les produits étaient d'assez bonne qualité.

On trouve, sur le territoire, des terres blanches siliceuses, des terres rouges un peu compactes mêlées d'argile et d'oxyde de fer, et quelques traces de tourbe à Palameix.

Flore et Faune. — Aucune plante spéciale ne distingue la flore de Troyon de celle de l'étage géologique auquel appartient son territoire. Le sol, partout léger, produit les plantes des terrains sablonneux et secs : la verveine, la mâche ou doucette, le chiendent, l'ivraie (wâge) (2), la scabieuse, le bleuet, les plantains, la chicorée amère, le gaillet ou caille-lait, le petit liseron ou liset (ouillot), la violette, la pensée sauvage, la molène ou bouillon-blanc, le laiteron (làdeçon), la bardane (glouton), l'aristoloche-clématite (sarrazine), le pouliot, la carotte et le panais sauvages, la gesse tubéreuse (mécuson), la moutarde sauvage (senê), le radis sauvage, la campanule, le mélilot, la ronce, l'agrostême ou nielle des blés, le mélampyre (queue de renard), la pâquerette, la mercuriale (foireuse), le panicaut, l'ortie, le lamier blanc, le géranium ou herbe à Robert, le millepertuis, les chardons, la cardère (peigne de loup), le coquelicot (pavot), la mauve (fromageon), le fumeterre, la vesce, le tussilage (patte-d'âne), la primevère (coucou), le séneçon, l'arrête-bœuf ou bugrane (rabut), etc., sans compter plusieurs espèces de champignons, et la truffe, qui existe à Troyon comme dans les localités voisines.

On trouve, dans la prairie, la phléole, le vulpin, le panic, l'avoine élevée, la houque laineuse, la brise, le pâturin, les fétuques, l'iris, le scirpe des lacs (jonc), le roseau à balais, la massette, les potamots, le colchique d'automne (vachotte), la patience (parèle), les renoncules (pattes-d'oie), le rhinanthe crête-de-coq, le salsifis des prés, le pissenlit, la grande chry-

---

(1) *Jean-Baptiste Laurent*, meunier et lieutenant du maire de Troyon, fut écrasé là, sous un éboulement, le 9 mars 1759.

(2) Les mots entre parenthèses sont les dénominations locales.

santhême (marguerite), la sauge sclarée (toute bonne), les carex, les prêles (queues de chat), le fenouil (anis), la centaurée, la spirée ulnaire (reine des prés), etc.

Parmi les arbustes, citons le troène commun (puant), le nerprun-bourdaine (bourg-épine), le fusain (calotte de prêtre), le groseiller piquant, le lierre (rampe), la viorne-mancienne, la viorne-obier (boule-de-neige), le sureau (sûgnon), l'épine-vinette, le daphné ou bois-gentil (joli-bois), le prunier épineux (prunellier), l'églantier, le framboisier, le saule, le génévrier, la clématite des haies (bois de pipe), le chèvre-feuille, l'aubépine (épine blanche), l'aune, etc.

Le sol des forêts, sec et peu profond, donne un produit assez médiocre. Outre le mort-bois, formé de la plupart des arbustes cités, le taillis se compose de charme, de coudrier, de cornouiller et d'érable. A part le hêtre, qui croît assez vigoureusement, la futaie est maigre; le chêne, le tremble, le tilleul, le frêne, l'érable-plane, l'orme, l'alisier et quelques fruitiers qui la composent ont un aspect chétif et languissant.

Jadis, dans nos forêts à peu près impénétrables, vivaient l'élan, le buffle, l'aurochs et le cerf qui en ont disparu. Il y reste, parmi les quadrupèdes, le loup, le renard, le chevreuil, le sanglier, l'écureuil, le lièvre et le chat sauvage; le putois, la fouine et la belette, qui s'attaquent aux poulaillers, et détruisent œufs et nichées. Citons ensuite la loutre, le hérisson, le rat, la souris, le loir, le mulot, la musaraigne (mugnotte), la chauve-souris (rate volante), la taupe, et nous en aurons fini avec les quadrupèdes.

A part le corbeau, le hibou, la chouette, le grand-duc, la buse, l'émérillon, la pie, le moineau, la perdrix et quelques rouges-gorges, les oiseaux qui peuplent les bois et les eaux de Troyon, émigrent aux approches de l'hiver pour y revenir au printemps. Ce sont le geai, la grive, le merle, le coucou, la huppe, l'alouette, le loriot, la tourterelle, la caille, le ramier, le martin-pêcheur, le bouvreuil, etc., et les nombreuses familles d'insectivores et de granivores que l'hiver prive de nourriture : verdiers, grimpereaux, pipits, bergeronnettes, hochequeues, traquets, rossignols, linots, pinsons, rouges-queues, mésanges, roitelets, troglodytes, chardonnerets, etc. Le foulque ou morelle, la sarcelle et la poule d'eau vont aussi chaque automne chercher un climat plus doux.

Parmi les oiseaux de passage connus à Troyon, il faut citer surtout l'oie et le canard sauvages, la bécassine, l'arcanette, l'orfraie, la bécasse, les râles d'eau, la grue, le martinet et l'hirondelle.

Dans la Meuse on pêche à Troyon, l'anguille, la truite (1), le brochet, le barbeau, la perche, la tanche, le vilain, la brême, la carpe, le chavenne, la vandoise, le goujon, l'ablette, la roussaille, etc. L'écrevisse de la Meuse, si renommée encore il y a trente ans, est à peu près introuvable. On rencontre quelques moules d'eau douce.

L'escargot, les limaces, la grenouille et le crapaud se trouvent dans les lieux humides.

Les seuls reptiles connus à Troyon sont la couleuvre, la vipère, l'orvet, la salamandre et les lézards.

Hâtons-nous de clore cette aride nomenclature par celle de quelques insectes : le hanneton et sa larve, les chenilles, les papillons variés, la guêpe, le frelon, plusieurs apiaires, le taon, la cloporte, les éphémères, les punaises, le carabe doré, la courtilière, la scolopendre, la forficule ou perce-oreille, la libellule ou demoiselle, le criquet, la sauterelle, les araignées, les lombrics, les fourmis, les mouches, le cousin et les parasitaires.

LE VILLAGE.

Troyon est un des nombreux villages qui s'échelonnent de Brixey-aux-Chanoines à Pouilly, le long de la vallée de la Meuse, sur un parcours de 225 kilomètres. Il est construit à

---

(1) Dans une lettre du 1ᵉʳ novembre 1894, l'honorable M. Leloup, maire de Lacroix-sur-Meuse, m'a dit avoir vu prendre en une seule fois, dans le bief du moulin alimenté par le ruisseau de l'Iscrâle, 300 kilos de truites saumonnées. Le braconnage a mis bon ordre à ces pêches miraculeuses.

droite, proche et presque au niveau de ce fleuve, parallèlement à son cours, et est traversé du sud au nord, dans toute sa longueur, par la route nationale de Neufchâteau à Mézières. Rien ne le distingue aujourd'hui des localités voisines, sauf ce qui lui manque : un couronnement décent à son église, de l'eau potable en abondance et la propreté de ses rues. Larges, assez alignées surtout au nord, celles-ci sont constamment encombrées de fumiers, de bois et de matériel agricole. Ce grave inconvénient résulte de l'exiguïté relative des bâtiments d'exploitation rurale, et il est presque impossible d'y parer, à raison du genre particulier de distribution de ces bâtiments, qui s'étendent en forme de boyau de la rue au jardin. D'un côté, dans le sens de la longueur, la grange, et à la suite l'étable, assez mal éclairée et aérée ; de l'autre, l'habitation proprement dite, composée d'une pièce sur la rue, d'une seconde sur le jardin et d'une cuisine intermédiaire recevant le jour par l'ouverture supérieure d'une vaste cheminée dite à *cuve*, dont il ne reste plus que deux spécimens. Les autres ont été peu à peu transformées en ce qu'on nomme dans le pays une *flamande*, fenêtre de forme carrée qui prend jour à la hauteur du toit. C'est dans ces vieilles et encombrantes cheminées que séchaient et fumaient lentement le lard et le saucisson de Lorraine, si appréciés des gourmets. Peu de maisons, parmi les autres, sont commodes et suffisantes pour une exploitation agricole bien entendue.

Les habitants de Troyon rachètent, par la propreté des habitations, le confortable qui manque à celles-ci, presque toutes planchéiées ou dallées. Deux corridors y sont volontiers ménagés, l'un pour le bétail, l'autre pour le personnel.

Troyon, il faut le reconnaître, n'est plus ce qu'il était il y a seulement soixante ans. Le développement des voies ferrées lui a été préjudiciable. A cette époque, de nombreux rouliers, fidèles clients d'importantes auberges, assuraient aux produits locaux un écoulement fructueux et facile ; une poste aux chevaux, des correspondances suivies et journalières entre Nancy, Saint-Mihiel et Verdun y entretenaient l'animation et la vie ; et de riches familles aujourd'hui éteintes, disparues ou diminuées, donnaient à Troyon un cachet de petit bourg. Aujourd'hui ce village, où nulle industrie importante n'a chance de s'introduire et de prospérer, est réduit à la culture obligée et peu rémunératrice d'un territoire de fertilité médiocre (1), et entamé dans ce qu'il a de meilleur par des acquisitions foraines.

La première mention de Troyon date de 1046, sous le nom latin de *Trio*, dans une lettre de l'évêque de Verdun, Thierry, en faveur de l'abbaye de Saint-Maur de cette ville; puis nous trouvons *Trogium* en 1049, dans une bulle du pape Léon IX, relative à la même abbaye. Il est nommé *Treugas* dans l'Histoire des évêques de Verdun par Laurent de Liège, — *Troyone* en 1367, aux archives départementales de la Meuse, — *Trojana villa*, en 1738, dans dom Calmet, et en 1778 dans Durival, — *Troiana villa*, en 1749, dans le pouillé de Bar, — *Troyonus villa*, dans un pouillé verdunois de 1760, — enfin *Troyon-sur-Meuse*, ou simplement *Troyon* dans les documents plus récents. — Aucune autre commune de France ne porte le nom de Troyon.

Il est question de *Tronium* en 674, dans une lettre de Wulfoade, fondateur de l'abbaye de Saint-Mihiel, — en 895, dans une charte de Zwentebold, roi de Lorraine, — et de *Tronione*, en 709, dans la charte de fondation de cette même abbaye; mais contrairement à l'opinion de plusieurs auteurs, il s'agit, dans ces trois documents, non de Troyon, mais de *Trognon* ou *Trougnon*, aujourd'hui Heudicourt.

On ignore par qui et à quelle époque Troyon fut érigé en commune. Il suivit d'abord la coutume de Sainte-Croix de Verdun, puis celle de Saint-Mihiel sous les ducs de Lorraine.

Avant la Révolution, il appartenait, quant au spirituel, à l'évêché de Verdun, à l'archidiaconé de la Rivière (2) et au

---

(1) Un état dressé en 1810, porte 920 hectares de terres labourables, dont 126 seulement de première classe, 231 de seconde et 563 de troisième. Nous verrons plus loin que depuis lors, la situation n'a guère changé.

(2) Cet archidiaconé qui comprenait presque toute la vallée de la Meuse, de Verdun à Saint-Mihiel, était divisé en deux doyennés, celui de Saint-Mihiel et celui d'Hattonchâtel.

doyenné de Saint-Mihiel. L'abbesse de Saint-Maur de Verdun nommait à la cure.

Au temporel. Troyon faisait partie du Barrois non mouvant, et ressortissait à la généralité et à la Cour souveraine de Nancy, au bailliage et à la prévôté de Saint-Mihiel (1). — Le duc de Lorraine, puis le roi de France après la mort de Stanislas (1766), en était seul haut seigneur ou suzerain.

La loi du 22 décembre 1789, ayant ordonné la fusion des anciennes provinces et la division du territoire français en départements, l'Assemblée nationale décréta, le 13 janvier 1790, que la Lorraine, le Barrois et les Trois-Évêchés (Metz, Toul, Verdun) et leurs dépendances), formeraient quatre départements. Par une loi du 30 suivant, elle constitua notre département sous le nom de département du *Barrois*; mais le 26 février 1790, ayant fixé définitivement les noms des départements, elle changea cette première dénomination en celle de département de la *Meuse*, du nom du plus important des cours d'eau qui l'arrosent. L'Assemblée décréta en outre : « Le département de la Meuse est divisé en huit districts dont les chefs-lieux sont : Bar-le-Duc, Gondrecourt, Commercy, Saint-Mihiel, Verdun, Clermont, Étain et Stenay ». Troyon fut compris dans le district de Saint-Mihiel.

Ces huit districts étaient eux-mêmes subdivisés en soixante-dix-neuf cantons, dont l'un avait pour chef-lieu Lacroix-sur-Meuse. Le canton de Lacroix comprenait onze communes : Dompierre-aux-Bois, Lacroix, Lamorville, Lavignéville, Maizey, Ranzières, Rouvrois-sur-Meuse, Seuzey, Spada, Troyon (2)

---

(1) Les prévôts, comme les sénéchaux et les baillis, étaient à la fois des juges, et des agents chargés de veiller à la perception des impôts et des produits du domaine. La prévôté de Saint-Mihiel, dont le sceau est l'un des plus anciennement connus, s'étendait sur trente et une localités, dont *Palameix, Troyon, Ambly* et *Wassécourt* (Wascourt).

(2) Troyon comptait alors 96 citoyens actifs et électeurs; le 24 février 1792, nous en trouvons 116. « Les qualités requises pour jouir de ce titre, d'après la loi du 14 décembre 1789, étaient : être français, âgé de vingt-cinq ans, domicilié depuis un an au moins dans la commune, payer une contribution directe de la valeur locale d'au moins

et Vaux-les-Palameix. Lacroix avait une justice de paix à laquelle ressortissaient ces onze communes (1).

En 1795, on supprima les districts tout en conservant les cantons.

Enfin, le 28 pluviôse an VIII (17 février 1800), le département de la Meuse fut divisé en quatre arrondissements communaux ayant pour chefs-lieux Bar-le-Duc, Commercy, Montmédy et Verdun, et par arrêté du 27 vendémiaire an X (19 octobre 1801), le nombre des cantons fut réduit à 28. Celui de Lacroix fut supprimé ainsi que sa justice de paix, et son chef-lieu, ainsi que Troyon, fut réuni au canton de Saint-Mihiel (2).

Tout d'abord, Verdun resta siège d'un évêché ayant la même circonscription territoriale que le département de la Meuse. De 1805 à 1817, il fut supprimé et réuni à celui de Nancy. Rétabli en 1817, il comprend quatre archiprêtrés et vingt-huit doyennés dont la circonscription est la même que celle des arrondissements et des cantons.

En suite de ces remaniements, Troyon fait partie de l'arrondissement et de l'archiprêtré de Commercy, du canton et du doyenné de Saint-Mihiel. Il est à 49 kilomètres de Bar-le-Duc, à 15 de Saint-Mihiel, chef-lieu judiciaire, à 33 de Commercy et à 20 de Verdun. C'est une succursale sans annexe.

Il possède quatre écarts : l'*Écluse*, le *Fort d'Essling* (3), l'*Iserâle* et *Palameix*.

En 1891, lors du dernier recensement, le nombre des mai-

---

trois journées de travail, enfin de n'être ni domestique à gages, ni banqueroutier, failli ou débiteur insolvable ». Albert Denis, *Toul pendant la Révolution*, p. 137.

(1) Isidore Le Blanc fut élu juge de paix du canton de Lacroix, et Jean Rolland, son greffier. Tous deux étaient de Troyon.

(2) Voir F. Liénard, *Dict. topogr. du département de la Meuse*.

(3) Essling, ville d'Autriche à 9 kilom. à l'est de Vienne. Napoléon Ier y remporta une grande victoire sur les Autrichiens le 22 mai 1809 ; elle valut à Masséna, qui y avait eu la plus grande part, le titre de *prince d'Essling*. C'est en sa mémoire que le fort de Troyon porte le nom d'Essling.

sons de Troyon, y compris celles des écarts, était de 159, dont 6 inhabitées ; 122 avaient un rez-de-chaussée seulement, et 37 un étage. Toutes sont construites en pierre du pays et couvertes en tuiles. Une seule l'est en ardoises. Le chaume y est inconnu. On comptait alors 169 ménages.

Le quartier qui entoure l'église passe pour être le plus ancien du village ; ses deux rues principales portaient les noms de rues *des Juifs* et de *la Fonderie*. La petite place qui sépare l'église du presbytère est appelée *le Trianon*. Dans les actes, on trouve la *rue Neuve* ou *Grande rue* en 1631 et la *rue de Massin*, en 1764.

LE TERRITOIRE.

Le territoire de Troyon, de forme très irrégulière et dont les bois communaux occupent la partie sud-est, est borné au nord par celui d'Ambly (canton et arrondissement de Verdun) et par celui de Ranzières, au nord-est par celui de Vaux-les-Palameix (canton de Vigneulles), à l'est et au sud par celui de Lacroix-sur-Meuse, au sud-ouest et à l'ouest par la Meuse, les prairies de Woimbey et de Bouquemont (canton de Pierrefitte), et de Tilly-sur-Meuse (canton de Souilly). Le village en occupe la partie nord-ouest.

Ce territoire se partage en trois sections cadastrales : celle de *la Meuse* ou des prés, située à l'ouest de la route nationale n° 64, et celles de *Conrd* (1) et de *Palameix* à l'est de cette route, séparées l'une de l'autre par le chemin vicinal de Troyon à Vaux-les-Palameix. Le canal de l'Est (branche nord), qui court parallèlement à la route nationale, sépare, dans la traversée du finage, la prairie des terres labourables.

Le cadastre, établi sous la direction de M. E. Pernot, géomètre, sous l'administration de M. Moullad, maire, fut terminé sur le terrain le 28 janvier 1826.

Il accusait alors :

(1) C'est à tort que le cadastre écrit *Coura*.

Propriétés imposables non bâties :

Terres labourables	854h	44a	33c
Prés	161	28	23
Vignes (disparues)	»	59	30
Bois	210	74	40
Pâtis	21	07	80
Friches	4	34	75
Vergers	1	95	22
Jardins potagers	3	89	22
Chènevières (disparues)	5	12	31
Aisances	»	1	36
Carrières	»	35	54
Canaux (bief du moulin)	»	25	80
Sol des bâtiments	4	04	42
TOTAL	1.268h	12a	68c

Le nombre total des maisons était alors de 149, dont deux avec moulin et huilerie.

Le revenu cadastral s'élevait :

Pour les propriétés bâties, à	2.061f 00
Pour les propriétés non bâties, à	19.742 72
TOTAL	21.803f 72

Terrains non imposables.

Maisons d'école et dépendances		4a	16c
Presbytère et dépendances		39	40
Église et cimetière		8	00
Routes	6h	07	44
Chemins	9	66	21
Rues et places publiques	1	81	66
Rivières	17	87	19
Ruisseaux	2	59	43
TOTAL	38h	53a	49c

La superficie totale du territoire est donc de :

Terrains imposables	1.268ʰ	12ᵃ	68ᶜ
Terrains non imposables	38	53	49
Total	1.306ʰ	66ᵃ	17ᶜ

Quant à leur qualité, le cadastre a classé les propriétés non bâties comme il suit :

Terres, chènevières, vignes et jardins. — 1ʳᵉ classe : 38 hectares 10 ares 38 centiares ; 2ᵉ classe : 111 hectares 48 ares 30 centiares ; 3ᵉ classe : 142 hectares 93 ares 56 centiares ; 4ᵉ classe : 150 hectares 52 ares 63 centiares ; et 5ᵉ classe : 207 hectares 13 ares 40 centiares. Soit de première et de seconde classes : 149 hectares 58 ares 68 centiares, et des trois dernières 500 hectares 59 ares 59 centiares. Nous laissons de côté les friches et pâtis.

Prés. — 1ʳᵉ classe : 13 hectares 51 ares 77 centiares ; 2ᵉ classe : 62 hectares 35 ares 39 centiares ; 3ᵉ classe : 61 hectares 52 ares 65 centiares ; 4ᵉ classe : 23 hectares 88 ares 42 centiares.

Bois. — 1ʳᵉ classe : 29 hectares 7 ares 42 centiares ; 2ᵉ classe : 81 hectares 61 ares ; 3ᵉ classe : 100 hectares 5 ares 98 centiares.

Valeur vénale de l'hectare :

	en 1862	en 1892
Terres de 1ʳᵉ classe, hormis les jardins	4.000ᶠ	1.500ᶠ
— 2ᵉ — —	2.000	1.200
— 3ᵉ — —	800	600
— 4ᵉ — —	»	100
— 5ᵉ — —	»	10
Prés de 1ʳᵉ classe, —	7.000ᶠ	6.500ᶠ
— 2ᵉ — —	5.000	5.000
— 3ᵉ — —	4.000	4.000
— 4ᵉ — —	»	3.400

L'abandon des mauvaises terres ou leur reboisement s'impose.

Le reboisement coûterait de 50 à 60 fr. l'hectare. Les essences à recommander sont les pins, l'épicéa, le mélèze, l'acacia, le saule, l'aune à feuilles en cœur et le bouleau. Dix hectares sont déjà plantés, dont trois par M. Georges-Leblan, il y a une trentaine d'années. Cet exemple n'est pas assez suivi.

La propriété est très morcelée. Les 1.031 hectares 95 ares 73 centiares de terres labourables et de prés se divisent en 7.000 parcelles, ce qui donne une moyenne d'environ 15 ares pour chacune. A part les terres, prés, pâtis et friches appartenant à la commune, à quelques fermiers ou propriétaires forains, une seule parcelle de terre labourable dépassait l'hectare (101 ares 30 centiares), et trois parcelles de pré avaient une superficie de 174 ares 60 centiares, 172 ares 70 centiares et 295 ares 60 centiares. La plus petite parcelle de terre labourable avait une surface de 2 ares 95 centiares, et de pré 2 ares 65 centiares. Depuis l'établissement du cadastre, cette situation a peu changé.

Les trois sections du territoire de Troyon se décomposent en 262 groupes de parcelles ou lieuxdits, dont les noms qui, à l'origine, avaient une signification précise, ont été altérés et dénaturés, quelquefois même défigurés par la modification insensible de l'idiome local et par les agents du cadastre, qui ont prétendu les franciser à leur guise. Tenter d'expliquer le sens de ces dénominations serait aussi scabreux qu'inutile. Les unes rappellent les possesseurs du sol : le champ *Toussaint*, la vau *Baudin*, le champ *Bertrand*, la côte *Maurice*, la côte *Roussel*, le poirier *Bottin*, le champ *Henriot*, le pré *André*, etc.; d'autres sont dues à la configuration ou aux éléments géologiques du sol : le *Sablon*, les *Cailloux*, l'*Ile*, le *Vauzel*, le *Pierriville*, au *Pierrilleux*, la *Fontaine au Platel*, aux *Grèves*, sous le *Mont Dilaleau* (au delà de l'eau), la carrière *Brocaille*, le Gué *Pierrot*, les *Terrières*, les *Fosses*, le grand *Tarson* (îlot), etc. D'autres noms sont empruntés aux produits du sol : les *Hayottes* (petites haies), les *Quatre-Noyers*, le *Petit-Bois*, au *Poirier-Leroy*, l'*Iserâle* (érable), à *Lignière*, aux *Ouillons* (liset, *convolvulus arvensis*), la *Caurotte* (coudrette, de *caure*, coudrier), au *Cerisier*, aux *Chênots*, la noue de *Prêle* (patience, *Rumex crépu*), etc. Plusieurs rappellent certaines redevances ou des droits féodaux : la *Dolente* (dolente Mère, Vierge de pitié), le champ *la Dame*, le champ *Saint-Martin*, *Martin-Croix*, le bois *Saint-Paul*, le pré des *Minimes*, le pré *Saint-Jacques*, le *Pater*, au grand *Saint-Airy*, au *De profundis*, le *Calice*, les *Corvées*, la *Grange-aux-Champs*, etc. Quelques-uns sont historiques : à l'*Idole*, au *Poiteau* (poteau, signe patibulaire), *Lisle*, *Jossecourt* (village ruiné), la *Peste*, l'*Épée*, etc. En voici dont le sens nous échappe : *Conrâ*, le champ *Lohi*, les *Foises*, *Nichamp*, *Rupti*, champ *Mounom*, *Birmont*, la haie *Fourmerat*, au *Marchandy*, à *Pichabot*, *Loridan*, *Neron*, à la *Balie*, *Chiatonot*, *Leho*, la *Harcelle*, *Sartel*, au *Tard*, au *Molton*, au *Coulmy*(1), que nous orthographions comme le cadastre, et quelques autres tout aussi énigmatiques. Plusieurs des noms anciens ont disparu.

Dans la nomenclature des lieuxdits on trouve les expressions *clausel* ou mieux *closel* et *closelot*, terrain clos ; *fin*, contrée, d'où finage ; *cumine* ou *quemine*, de chemin ; *chaufour*, four à chaux ; *vau*, *vauzel*, val, vallon ; *cugnot*, coin ; *frâtis*, friche ; *mulatière*, pour *mutarière*, taupinière ; *saux*, mieux *saulx*, saule ; *raine*, grenouille ; *sûgnon*, sureau ; *frappant sur*, aboutissant sur.

La délimitation indécise des territoires de Troyon et d'Ambly, terres et prés, fut la cause de fréquents démêlés entre les deux communes. Par un arrêté en date du 12 avril 1793, le département ordonne qu'il soit mis ordre à cet état de choses, ce qui n'a pas lieu. Troyon se plaint qu'Ambly s'oppose à la délimitation nouvelle, tandis qu'Ambly affirme que lui-même l'a depuis longtemps désirée et provoquée.

Par un autre arrêté du 19 floréal an III (8 avril 1795), le Directoire du département met fin au conflit et ordonne qu'Ambly répartira au marc la livre de sa contribution foncière les sommes qui ont été mal à propos imposées sur les terrains compris au rôle de ses impôts, quoique situés sur le territoire de Troyon et déjà payées par les propriétaires de cette commune.

Biens communaux. — Sur l'ordre du roi, le maire et la justice

---

(1) *Coulmy*, peut-être de *coulmier*, colombier, qui vient de *coulon* pigeon.

de Troyon énumèrent comme il suit les biens de cette commune, le 2 août 1708.

« Trois cent soixante arpens de bois, y compris le quart de réserve, abornés du côté de Ranzières et de Vaux, de Lacroix et des bois de l'abbaye de Saint-Paul de Verdun, lesquels bois sont situés dans un terrain fort ingrat, d'autant que le fond n'est que sable et *chalin*, ce qui est cause que les chênes sont de peu de valeur, couronnés et rabougris; le reste consistant en quelques menus bois dont la communauté a fait trois affouages depuis quarante ans, lesquels affouages ne pouvaient servir qu'à des haies mortes. Nous déclarons que chaque manant (1) résidant audit lieu doit par chacune année un bichet d'avoine d'ascensement pour lesdits bois déclarés ci-dessus, et ce, au domaine par moitié, et l'autre moitié à M. le comte d'Amblemont.

« Nous déclarons qu'il appartient à ladite communauté un pré situé à Lisle, contenant neuf fauchées ou environ, lequel est chargé d'une rente annuelle envers M. le comte d'Amblemont et Mme Barrois, de quatre-vingts bichets d'avoine à rendre sur leurs greniers.

« Nous déclarons qu'il appartient à la communauté deux fauchées et demie de pré ou environ, dit le Tarson, joignant la Grange-aux-Champs, ... un pâquis consistant en deux jours ou environ pour passer le troupeau herdale (2) et pour aller d'une prairie à l'autre, ... un petit tarson situé au gué des Bœufs, consistant en un demi-quart ou environ, ... une demi-fauchée ou environ appelée le tarson des Ameris, ... une demi-fauchée de pré lieudit dessous la Sauce (saule), ... un pâquis servant de chemin herdale et pour charrier les foins, consistant en six arpens ou environ.

« Nous déclarons que les prés de ladite communauté sont chargés de neuf bœufs de chasse depuis la Saint-Georges jusqu'à la Saint-Jean, dont un appartient au domaine, cinq à M. d'Amblemont, et trois au sieur curé de Troyon (3).

(1) Habitant, — de *manens*, demeurant.
(2) Le troupeau de bêtes à cornes. — Dans plusieurs localités de la Meuse, *herde* signifie troupeau, et *herdier*, vacher.
(3) En raison de ce droit exorbitant, ces bœufs paissaient à vo-

« Le sieur Dognon, maire, qui a fourni la présente déclaration, affirme que la communauté de Troyon a titre des bois et prés insérés en la présente, qu'il n'est pas à sa connaissance qu'aucuns particuliers possèdent aucuns biens dépendans du domaine du Roy audit Troyon, et qu'il y en ait, dépendans et appartenans à ladite communauté, d'aliéné ni engagé pour quelque cause que ce soit » (*Arch. de Meurthe-et-Moselle*, B. 11738).

La même année, le curé Joseph Guerrier déclare, de son côté, au nom de la communauté, une égale superficie de bois « tant en haies qu'en rapailles (broussailles) ou autrement », et environ vingt arpens de pâquis à 250 verges le jour (*Id.*, B. 11726).

La communauté de Troyon, réunie le 28 juillet 1795, en vertu d'un décret de la Convention nationale du 10 juin précédent, décide, à la majorité de soixante votants, le partage de tous les biens communaux entre tous les habitants. Mais comme ce décret exige qu'au préalable ces biens soient quittes de toutes dettes et revendications, et que : 1° la communauté doit au citoyen Derouyn, de Saint-Mihiel, une redevance annuelle de quatre-vingts bichets d'avoine pour la jouissance des prés de Lisle; 2° que la Nation au droit du citoyen Calonne(1), conteste à ladite communauté la propriété de pâquis enclavés dans la ferme de Palameix, — ce partage ne saurait avoir lieu immédiatement. Ont signé : *Moullad*, — *Nicolas Zambaux*, notable, — *F^{ois} Le Blan*, l'aîné, — *J.-L. Le Blan*, — *J^n-B^{te}-J Jamin*, — *Isidore Le Blan*, notable, — *Fr. Hanry*, — *Hurel*, — *Gossin*, officier municipal, — *J. George*, — *J. Piedfer*, — *Sébastien Baudier*, etc.

Le 8 septembre 1814, la commune de Troyon sollicite de M. le Préfet de la Meuse la remise de deux pâtis, l'un dit *la Vierge*, l'autre *Neron*, situés dans le vallon de Palameix, comme ser-

lonté dans les prés communaux où ils pénétraient, dit-on, par un gué aujourd'hui impraticable, situé au lieu qu'on nomme encore *le gué de Bœufs*.

(1) Calonne (*Charles-Alexandre* de), 1734-1802, seigneur de Ranzières, fut nommé contrôleur général des finances par Louis XVI. Il laissa s'accroître le déficit, mais se retira pauvre des affaires.

vant de communication pour l'extraction des bois, le pacage des troupeaux et leur passage pour aller à l'abreuvoir. Cette demande resta sans effet.

En 1824, la commune cède au sieur Leloup, notaire à Lacroix, 56 ares 70 cent. de pâtis sur le ruisseau de Palameix, pour l'établissement d'un moulin avec papeterie, — et en 1856, à MM. Goujon, propriétaires de Palameix, 5 hectares 40 ares de pâtis, pour 2.500 fr., à proximité de cette ferme.

La commune de Troyon possède aujourd'hui, non compris l'église, le presbytère, les bâtiments scolaires, le cimetière et la maison du pâtre :

Prés.....................	2h	42a	03c	
Terres....................		5	50	
Terres, prés, pâtis à l'Iserâle...	5	64	80,	loués 190 fr.
Pâtis.....................	9	14	02	
Bois affouagers.............	153	76	15	
Quart en réserve............	51	20	10	

Les vieillards se rappellent avoir ouï dire que la contrée dite *la Pâture*, qui appartient à la commune, était autrefois divisée en lots dont jouissaient les habitants, mais nous ignorons si c'était gratuitement ou à titre onéreux. D'après ce que nous disons plus haut, ce partage aurait précédé la Révolution.

Voies de communication. — Dès l'époque romaine, de grandes voies et des voies secondaires ou *diverticules* sillonnaient notre province, reliant entre elles les importantes cités, Reims, Verdun, Metz, Nasium, Toul, etc. (1). M. F. Liénard, dans son *Répertoire archéologique,* cite un diverticule allant de *Virodunum* (Verdun) à *Noviomagus* (Neufchâteau) et à *Andematunum* (Langres), par Saint-Mihiel, Commercy, Void, Vaucouleurs, Sauvigny, et *Solicia* ou *Solimariaca* (Soulosse). Bien que feu M. de Widranges ne le signale pas, il est difficile d'admettre que la vallée de la Meuse fût privée de communications

---

(1) Saint-Mihiel, Commercy, Nancy, Bar-le-Duc, ne furent fondés que beaucoup plus tard.

entre Verdun et le camp de Saint-Mihiel, sur la rive droite du fleuve (1).

Excepté la route nationale n° 64, qui le traverse, et le chemin vicinal de Lacroix à Vaux, passant par Palameix, qui lui est presque inutile, Troyon manque de bonnes voies de communication. Il est relié à Ranzières et à Vaux par deux chemins assez bien entretenus à ses frais sur son territoire, mais les chemins ruraux laissent beaucoup à désirer, quoique les matériaux abondent sur place (2). De ses trois journées de prestations, deux sont absorbées chaque année par l'entretien de chemins étrangers à la commune au détriment des siens.

Troyon manque et manquera longtemps encore de communications directes avec les communes de la rive gauche de la Meuse. Pour aller de Troyon à Bouquemont, à peine distant de 1.500 mètres, il faut parcourir, soit en voiture en tout temps, soit à pied dans la mauvaise saison, plus de *sept kilomètres*, et autant pour revenir. Une chaussée insubmersible à travers la prairie avec pont sur la Meuse serait donc nécessaire, sinon indispensable pour relier Troyon à la ligne ferrée de Lérouville à Sedan. Cette ligne fut livrée à l'exploitation en 1874. Lorsqu'il fut question de la construire, Troyon demanda vainement que le tracé eût lieu sur la rive droite de la Meuse et qu'une station lui fût accordée. Le génie militaire dut s'y opposer dans l'intérêt de la défense du pays.

En 1879-1880, la branche nord du canal de l'Est fut creusée. Partant de Troussey où elle se rattache au canal de la Marne au Rhin par le bief de Pagny-sur-Meuse, cette branche importante traverse le territoire de Troyon parallèlement à la route nationale avec une seule écluse, et se relie vers Givet aux canaux belges. En 1894, le tonnage, relevé à Ambly, a été de

(1) *Mém. de la Soc. des lettres de Bar-le-Duc*, 1873.

(2) On demandait au duc Léopold comment il avait pu, en si peu de temps, construire d'aussi belles chaussées. « Cela est bien aisé, répondit-il ; il ne faut que les bien tracer, les bomber avec la terre des fossés, ensuite j'applique dessus *une feuille de papier huilé* ». La plaisanterie de ce grand homme est toute la magie de l'art (Durival, *Description de la Lorraine et du Barrois*, IV, iij).

600.518 tonnes au moyen de 2.529 bateaux (1). Les transports consistent surtout en combustibles, fontes brutes, pierres à bâtir, minerais de fer, produits des salines, produits agricoles et forestiers, etc.

POPULATION.

État civil. — François Ier avait ordonné à tous les curés de tenir un registre exact des baptêmes, avec indication précise du jour et de l'heure de la naissance des enfants. Cette sage prescription ne fut pas toujours suivie dans nos contrées avant la première moitié du dix-septième siècle. La formule des actes était des plus courtes et des plus simples, sans signature.

Par une ordonnance de 1667, Louis XIV exigea la tenue en double sur papier timbré des registres paroissiaux, avec cote et paraphe de l'autorité judiciaire et dépôt, à la fin de chaque année, d'un exemplaire au présidial (2).

La loi de septembre 1792 remit aux maires le dépôt et la rédaction des actes civils jusque-là confiée à MM. les curés.

Cette remise eut lieu à Troyon comme il suit :

« Nous, maire et officiers municipaux de la commune de Troyon soussignés, certifions nous être transportés en la maison de cure en vertu de la loi du 20 septembre 1792, concernant le mode de constater l'état civil des citoyens; en conséquence, nous avons fermé le présent registre des naissances, mariages et décès de ladite paroisse, et les avons confiés à *Charles Villet*, qui a été choisi par voie de scrutin par le Conseil général de ladite commune pour les rédiger dans la suite (3).

---

(1) En 1892, il est passé à Troyon 2.057 bateaux portant 480.236 tonnes, et en 1893, 2.645 bateaux chargés de 607.122 tonnes. Le nombre des bateaux vides a été, en ces trois dernières années, de 985. Le tonnage, en 1888, n'était que de 373.772 milliers métriques.

(2) Le 10 janvier 1690, le curé Georges Toussaint certifie l'exactitude de ses registres, qui sont collationés le 16 du même mois par G. Marie, greffier en chef du bailliage. Ils étaient donc rédigés en double.

(3) M. Charles Villet n'a cessé de rédiger les actes qu'en 1839. Il remplissait aussi les fonctions de receveur municipal.

Fait en la maison de cure, le 3 novembre 1792, l'an premier de la République française. Signé : *J^h François*, maire ; — *Jean-Nicolas Gossin* et *Le Blan*, assesseurs, — et *J^h Dognon*, procureur ».

En vertu de la loi du 13 fructidor an VI (30 août 1798), tous les mariages du canton de Lacroix, dont Troyon faisait partie, étaient célébrés à Lacroix, au *Temple de la réunion décadaire*, par Christophe Émond, président de l'administration municipale du canton, ou en son absence par un agent municipal. Il en fut ainsi du 22 septembre 1798 au 22 septembre 1800, ans VII et VIII. Pour l'an IX, on revient à l'ancien usage ; Joseph Le Blan, maire de Troyon, cote et paraphe les registres, procède aux mariages et signe les actes de l'état civil.

Les principales familles de Troyon, avant 1700, étaient celles des *Zambaux*, des *Dognon* ou *Dougnon*, des *Gillon*, des *Hanry*, des *Pécourt* ou *Pelcourt*, des *Le Blan* et des *Jamin*. L'orthographe que nous donnons est celle de l'époque.

Le premier acte inscrit sur les registres paroissiaux existants en mairie constate l'inhumation au cimetière de Troyon de *Catherine Varinot*, le 13 janvier 1688. — Au greffe du tribunal de Saint-Mihiel, les actes paroissiaux de Troyon ne remontent qu'à 1765. Moins précis qu'aujourd'hui au point de vue généalogique, les registres tenus et rédigés par MM. les curés contenaient souvent, sur les personnes et même sur les faits, de précieux renseignements historiques. Il est bien regrettable que, dans nos paroisses rurales, ces registres ne remontent guère au delà de 1650, sans quoi ils nous eussent fait connaître les misères et les calamités de toutes sortes qui accablèrent nos aïeux durant trois siècles, à partir de la guerre de Cent-Ans.

Un état du *peuple* de Troyon, confirmé par monseigneur d'Hallencourt, évêque de Verdun, le 29 août 1724, contient les noms de 257 personnes réparties en 72 ménages. Cette liste laissant de côté quelques familles privilégiées, on peut évaluer à 280 habitants la population du village à cette époque.

En 1738 et en 1750, on y comptait 80 feux ou ménages, et 90 en 1770, soit environ 400 habitants.

En 1800, la population était de 603 habitants, en 1846, de

672, et en 1892, de 520 seulement, celle des écarts y comprise.

Un célibat égoïste a surtout arrêté l'essor de la population. Il y a vingt-cinq ans, on comptait à Troyon plus de quarante célibataires âgés des deux sexes. En 1891, ils étaient encore 21, se répartissant ainsi :

```
Garçons  de 60 à 64 ans.......  1 ⎫
   —     de 65 à 69 ans.......  1 ⎬ ... 7  ⎫
   —     de 69 à 74 ans.......  5 ⎭        ⎪
Filles   de 60 à 64 ans.......  2 ⎫        ⎬ .... 21
   —     de 65 à 69 ans.......  3 ⎪        ⎪
   —     de 70 à 74 ans.......  6 ⎬ ... 14 ⎭
   —     de 79 à 84 ans.......  2 ⎪
   —     de 85 à 89 ans.......  1 ⎭
```

Cette grève matrimoniale a éloigné du village nombre de jeunes gens et plus encore de jeunes filles qui n'éprouvaient pas la vocation de *coiffer sainte Catherine*.

Les mariages n'y sont pas inféconds; quelques familles même sont nombreuses. Les enfants au-dessous de treize ans forment près du quart de la population totale.

Il n'est pas sans intérêt, même au point de vue moral, d'étudier les prénoms donnés au baptême à différentes époques. Disons tout d'abord, à la louange de Troyon, qu'on s'y est gardé d'infliger aux enfants ces prénoms prétentieux et de mauvais goût qui ont remplacé ailleurs les noms si harmonieux et si simples de Louis, Charles, Paul, Louise, Jeanne, Marie, etc.

Il existait à Troyon, au dix-septième siècle et dans la première partie du dix-huitième, de gracieux prénoms de femmes : *Cunette*, de Cuny, *Didette*, de Didier, *Nicote*, de Nicolas, *Frémine*, de Fremin ou Firmin, *Gillette*, de Gilles, *Simonne*, de Simon, etc. On a eu tort, à notre avis, de les délaisser complètement.

Avant 1700, chez les hommes, on trouve surtout des Nicolas, des François, des Claude, des Pierre et des Jean. Plus tard, vers 1750, le nom de Nicolas prévaut, en l'honneur du patron de la Lorraine. Chose digne de remarque : de 1790 à 1805, alors que le calendrier décadaire substituait aux noms de saints ceux d'animaux, de plantes et d'instruments aratoires, le prénom Joseph figure pour 38 p. 0/0 dans les baptêmes. Chez les femmes, avant 1700, les prénoms sont empruntés aux saintes les plus populaires. Les Anne et les Jeanne sont alors nombreuses. Vers 1730, le prénom d'Anne l'emporte encore, puis viennent les Marie et les Jeanne. Mais durant la période révolutionnaire, le nom de Marie, seul ou joint à celui de Joseph, est donné à raison de 56 p. 0/0, ce dont nous ne pouvons hasarder une explication plausible. De 1881 à 1894, la proportion des Marie reste la même, mais les Anne ont disparu : la fille a supplanté la mère.

Jusqu'à 1800, les prénoms sont simples pour la plupart; depuis cette époque beaucoup sont doubles et même triples.

Le seul nom étrange que nous ayons relevé dans les registres de l'état civil est celui d'*Adore* Chrisostôme, née le 1er juillet 1820.

Un fait digne de remarque, c'est que très-rarement le nom de saint Martin, patron de la paroisse, a été donné au baptême, ainsi que ceux des saints Roch, Isidore et Sébastien, patrons d'une confrérie érigée en 1631.

Parmi les actes de baptême nous citons celui-ci : « *1739, 13 septembre.* — Baptême de la fille de Barbe Couchot, laquelle « domiciliée à Troyon, chez son père, a déclaré, dans les travaux « de l'enfantement *en présence de la justice du lieu*, être enceinte « des œuvres du nommé Jean de Fosse, dit d'Arteuf, cavalier « dans la compagnie de M. d'Affreville, régiment royal étranger, « ladite compagnie en quartier en ce lieu ». Rappelons à ce sujet que quand une fille, *in doloribus partus*, déclarait sous serment, en présence de la justice locale, le nom de son séducteur, il y avait pour celui-ci obligation d'épouser (*Arrêt de 1678, consigné dans les registres de Pont-Saint-Vincent*, près de Nancy).

A différentes reprises et en péril de mort, nous voyons la sage-femme ou le médecin accoucheur baptiser un enfant sur la main ou le pied visible. Ce genre de baptême, reconnu valide par les curés de Troyon, est cependant contraire aux statuts synodaux de Vary de Dommartin, évêque de Verdun, promulgués en 1518, où il est dit : « On pourra donner le baptême à un enfant qui aura la tête ou la plus grande partie du corps hors du sein de sa mère et se trouvera en danger de mort, et non pas s'il n'y a, par exemple, qu'un bras ou une jambe qui paraisse, autrement le baptême serait nul ».

Les registres de décès permettent de corriger une erreur commise par l'auteur du *Nobiliaire de Saint-Mihiel*.

1769, 12 février. — Décès d'une fille de *Louis-Charles* de Faillonnet, capitaine au régiment de Champagne, résidant à Saint-Mihiel, et de Charlotte de *Menonville*, son épouse. Cette fille était en nourrice à Troyon. Or, M. Dumont dit : « *Charles-Henri* de Faillonnet, capitaine au régiment de Champagne, et Marguerite-Charlotte Thibaut de *Manonville*, eurent le 17 juin 1768, Marie-Thérèse, mariée le 16 juin 1798 », ce qui ne nous paraît guère possible en présence des termes précis de l'acte. Ajoutons que les Barrois étaient alors seigneurs de Manonville, et non les Thibaut, et que M. Dumont ne cite pas la décédée parmi d'autres enfants de M. de Faillonnet.

Il était d'usage, à Troyon comme dans d'autres localités de la Meuse, de substituer, aux noms de baptême, des prénoms plus ou moins altérés : *Linlin*, pour Nicolas, de *Colin*; — *Ioïo*, pour Joseph ; — *Bastin*, pour Sébastien ; — *Chan*, pour Jean ; — *Dette* ou *Dédette*, pour Marie-Joseph ; — *Nanette*, pour Anne; d'*Annette* ; — *Bibiche*, pour Barbe ; — *Tontaine*, pour Jeanne ou *Jeanneton*, etc. *Fifi* et *Mimie* nous paraissent être simplement des appellations affectueuses dérivées de *fils* et d'*amie*. Le puîné des garçons se nommait quelquefois *Cadet*.

Les habitants de nombreux villages de la Meuse ont reçu, de leurs voisins, des surnoms collectifs plus ou moins ironiques et quelquefois blessants. Les Troyonnais sont appelés *Grand'culottes*, sobriquet fort anodin. Peut-être les premiers dans la contrée ont-ils fait usage de pantalons. Dès 1785, en effet, le sieur Jamin, tailleur, fait une paire de *grandes culottes* à Côme Burlin, de Troyon, moyennant 18 sous. La façon des petites n'en coûtait que seize.

Caractère, éducation, moralité. — La population de Troyon est laborieuse, très-économe, sobre et tranquille. Elle a conservé les traditions religieuses de ses ancêtres, et sa moralité s'en ressent. Cela tient surtout aux prêtres de valeur qui, depuis deux siècles, ont dirigé la paroisse. On dit les Troyonnais susceptibles, contents d'eux-mêmes et tenaces dans leurs rancunes, ce qui témoignerait de leur orgueil. Ce jugement nous paraît sévère : on aurait tort de conclure du particulier au général. Autrefois, suivant un dicton local, nul ne pouvait traverser le pont de Troyon sans être raillé. Il n'en est plus de même aujourd'hui.

Ce qui choque le plus à Troyon, c'est l'usage persistant et routinier d'un patois barbare, même chez les jeunes gens, alors que partout ailleurs on le délaisse comme signe d'une éducation négligée.

Coutumes locales. — Nous trouvons dans les comptes de la fabrique :

1° Qu'en 1624, la cène fut faite le jeudi-saint par M. le doyen, le maïeur (maire), les échevins de l'église, le maître d'école et les chantres ; il a été payé pour ce repas 20 francs à Laurent Le Gaigneur ;

2° Qu'en 1627, il a été remis aux *vallès* (valets, garçons) qui *ont mené* la fête de Troyon, une somme de 2 francs pour avoir joué à l'église avec les violons *pendant la messe ;*

3° Qu'en 1664, il a été donné aux garçons qui avaient planté *un mai* devant la porte de l'église, une pareille somme de 2 francs.

C'étaient là des usages constants, comme les registres en font foi. Donnèrent-ils lieu à des abus? Nous l'ignorons. Mais dans une tournée d'inspection de messire A. Philbert, archidiacre de la Rivière, il écrivit ce qui suit sur les registres paroissiaux. « Vu par nous, archidiacre de la Rivière, dans le cours de notre visite; Ordonnons .... qu'on ne mette plus en ligne de compte la dépense qui se fait pour les violons, ni pour la cène, ni pour les garçons qui plantent un mai devant la porte de l'église ». « Fait le 11 septembre 1671 ». — « Signé *A. Philbert* ».

Ces dépenses disparurent en effet, moins celle de la cène, assurée par une fondation spéciale.

Passons à d'autres coutumes également tombées en désuétude : les unes qu'on nous permettra de regretter, et d'autres qui relèveraient aujourd'hui de la police correctionnelle.

A la Toussaint, mais plus particulièrement la veille des Rois et au mardi-gras, les familles, plus unies qu'à présent, se réunissaient chez l'aïeul dans un cordial et modeste pique-nique, — et la veille de Noël, groupés autour d'une bûche énorme qui devait brûler jusqu'aux Rois, on chantait des noëls et des cantiques en attendant la messe de minuit que suivait presque toujours un joyeux réveillon.

Il y a peu de temps encore, tous les dimanches de mai, un groupe de fillettes parcouraient le village, quêtant pour l'autel de la Vierge, à qui ce mois est consacré. L'une d'elles, enrubanée et parée de fleurs, la plus jolie et la plus jeune, se plaçait au centre du groupe : c'était le *trimazo*, qui attirait plus particulièrement les regards (1). Elles allaient de porte en porte chantant une cantilène semi-patoise en deux couplets au moins, l'un pour la demande, l'autre pour le remercîment. Quand une main restait fermée devant le naïf appel des jeunes filles, elles remplaçaient ce dernier par cette innocente malédiction :

> J' v'avons chanta, je v' déchantans ;
> J' voûrins qu' v'euilsisses autant d'afans
> Que gn'y d' pîrottes avau lé champs.

(*Nous vous avons chanté, nous vous déchantons, — nous voudrions que vous eussiez autant d'enfants — qu'il y a de petites pierres parmi les champs*).

Cette coutume existe encore dans quelques localités meusiennes.

De la Saint-Martin à la Sainte-Agathe (5 février), femmes et

(1) Ce mot *trimazo*, dont l'étymologie nous échappe, était autrefois synonyme de *mai* ou feuillage. « Lorsque Vitel, un des gardes du duc Nicolas-François, épousa Melle de Belrupt, on plaça quatre chariots de *trimazos* devant leur logis, et ce fut la plus belle cérémonie du monde » (*Archives Lignivillo, lettre du 12 février 1640*, C. 4, liasse 5).

filles se réunissaient par quartier, pour travailler le soir en commun chez l'une d'elles. Ces veillées se terminaient par la prière. La *session parlementaire* était close par de modestes agapes où l'on se donnait rendez-vous pour l'année suivante (1). C'était pendant ces « écraignes » qu'à l'heure de la retraite ou du couvre-feu, quelques commères, contrefaisant leurs voix, allaient aux fenêtres d'autres *veilloirs*, pour *dâyer* ou intriguer les veilleuses au moyen de pots-pourris et de coq-à-l'âne, ou même de propos moins inoffensifs.

A cette époque on cultivait le chanvre à Troyon, et le soir, les familles et les amis se réunissaient pour le teiller à la main, après quoi on faisait un modeste réveillon.

Quand des personnes âgées convolaient en secondes ou en troisièmes noces, on les *bassinait*, c'est-à-dire on leur donnait un concert charivarique au moyen de poêlons, de casseroles, de chaudrons et de bassinoires, pour marquer qu'on désapprouvait leur conduite.

Il y a quelques années, des chie-en-lit en petit nombre parcouraient encore le village lors des jours gras, puis quêtaient de maison en maison le mercredi des Cendres pour faire ripaille après avoir jugé, condamné et noyé en cérémonie un grossier mannequin figurant *Mardi-gras*. Aujourd'hui le carnaval est bien mort. Ce même jour, jour de pénitence et de folie, les jeunes gens parcouraient les rues avec une charrette attelée et chargeaient dessus toute personne adulte qui se trouvait à leur portée, la conduisaient à l'auberge, et ne lui rendaient la liberté que moyennant consommation.

Lors d'un mariage, le garçon d'honneur *chaussait l'épousée*, en lui glissant dans la chaussure une pièce de monnaie. Les voisins venaient complimenter les époux, et recevaient pour le consommer en commun un énorme pâté accompagné de quelques bouteilles de vin. Aujourd'hui les mariés se bornent à remettre un morceau de gâteau à tous leurs amis et connaissances. — Quelquefois on enlevait et l'on cachait l'épouse, que son mari devait racheter à prix d'argent.

(1) Voir l'opuscule intitulé : *A propos de trois mots patois*, 1886.

On ne sonnait pas le baptême des enfants illégitimes, que l'on nomme pour cette raison *sansonnets* (sans sonné) dans quelques villages de la Meuse.

Enfin un usage immoral consistait à dessiner des *cornes*, la nuit de Saint-Gengoult, sur la façade ou les portes de quelques maisons, d'où résultaient souvent, dans les ménages, des scènes scandaleuses. Tracées avec un liquide indélébile, ces cornes résistaient au lavage, et perpétuaient pendant des années au fond des cœurs, contre les auteurs vrais ou présumés de cette coupable plaisanterie, un profond ressentiment. L'intervention de la police et le bon sens public ont fait disparaître à jamais ce cauchemar des maris jaloux et des femmes honnêtes.

Voici ce qui reste des vieux us à Troyon.

Le jour de Saint-Éloi, fête des cultivateurs, les propriétaires de bestiaux portent à la messe de l'avoine et du pain que bénit le prêtre, et qu'ils distribuent ensuite à leurs animaux domestiques.

Le jour de Pâques-fleuries, on plante sur la tombe des parents et des amis des *pâquottes*, rameaux bénits de buis, de saule, de laurier, etc., qui sont pour les morts de pieux et poétiques souvenirs.

Quand les cloches se taisent pendant les derniers jours de la semaine sainte, les enfants annoncent les offices au moyen de *raines* ou crécelles, puis font une quête à leur profit dans l'après-midi du samedi-saint.

L'usage s'est conservé de saluer les mariés, et même les parrains et marraines, de quelques coups de fusil, malgré les dangers qu'il présente.

Dans la nuit du premier mai, les jeunes gens arborent clandestinement des rameaux garnis de feuilles nouvelles sur la toiture des maisons où se trouvent des jeunes filles, ce qu'elles considèrent comme un honneur.

La veille de la fête patronale, dans le cours de la soirée, les jeunes gens vont donner des aubades, non seulement aux jeunes filles, mais aussi aux autorités et aux principaux habitants du village. Le lundi suivant ils font une quête dont le produit leur appartient.

On fait encore, mais beaucoup moins qu'autrefois, des *coqueluches* aux jours gras et des *gâteaux à l'eau* le jour du vendredi-saint. Ceux-ci consistaient en une pâte mince, découpée en carrés ou en losanges, puis cuits à l'eau salée, que l'on mangeait en les trempant à mesure dans du vinaigre. Les *coqueluches* sont des gâteaux secs, avec ou sans couverture, cuits dans une *tourtière*, sorte de four de campagne.

La justice dut quelquefois intervenir pour faire cesser certains usages. « A Saint-Mihiel et aux environs, le jour du mardi-gras, on conduisait dans les rues, avec force huées et criaillements du peuple, un bœuf gras portant sur son dos un ou plusieurs bourgeois, accusés, à ce qu'on prétendait, d'avoir laissé battre leur voisin par sa femme. On leur mettait sur les épaules, par devant et par derrière, des écriteaux portant désignation de cette peine, et du fait qui y avait donné lieu ». Cet abus fut condamné, sous peine de vingt-cinq livres d'amende, par la Cour souveraine de Nancy, le 24 mars 1718 (Dom Calmet, *Hist. de Lorraine*).

Langage. — Tout le monde à Troyon entend le français courant et peut le parler, sauf à l'émailler d'expressions locales, difficiles du reste à éviter. Beaucoup en effet ne sauraient être traduites exactement en langage académique, même au moyen de circonlocutions. Il est regrettable toutefois qu'on use encore trop, même chez les jeunes gens, d'un patois aux finales dures, propre à toute la région, qui déteint forcément sur la prononciation du français, quelques efforts que l'on fasse pour rendre celui-ci plus euphonique. Des personnes ayant quitté Troyon durant de longues années pour habiter d'autres provinces, y rapportent l'accent local, dont elles n'ont pu se défaire.

Le patois de Troyon n'a pas, à notre connaissance, d'expressions qui lui soient propres; cependant nous en citerons deux peu en usage ailleurs.

Mato, ou mieux *m'ato*, signifie sans doute, probablement; c'est une altération abrégée de *je m'attends*, provincialisme qui a cours avec le même sens en Champagne, en Picardie, et dans d'autres régions de la France. L'expression *m'ato qu'oïe* veut dire je pense qu'oui, probablement qu'oui.

A *nôno*, moins usité, signifie : au début, au commencement, et nous donne une idée de la genèse de certains mots patois, dont on cherche en vain l'origine. Il y a soixante ans, — car nous ne sommes plus jeune France, — nous apprenions à lire dans la *croisette*, petit abécédaire orné d'une croix, et qui débutait par l'Oraison dominicale. Aussitôt donc l'étude de l'alphabet terminée, nous épelions d'emblée Notre Père : *n o no, t r e, notre*, suivant l'ancienne appellation. Être à *nôno*, c'est donc être au début, au commencement d'une besogne. Cette expression s'emploie surtout plaisamment.

État sanitaire. — Quoique l'eau de source manque absolument à Troyon, l'état sanitaire y est satisfaisant. Les diverses épidémies cholériques ont épargné la population (1).

Une des contrées du territoire nommée *la Peste*, où l'on reléguait les malades atteints de ce fléau, conséquence inévitable de la guerre à cette époque, prouve que cette cruelle maladie a sévi dans le village, quoique Troyon ne soit pas nommément désigné parmi les communautés contaminées. Fût-ce celle de 1451 qui, en deux ans, emporta dans la ville de Verdun plus de deux mille cinq cents personnes? Ou celle de 1505, si terrible dans nos contrées qu'elle y devint proverbiale (2)? Ou celle encore de 1526 qui, suivant l'historien dom de l'Isle, força les religieux de Saint-Mihiel d'abandonner leur monastère? En 1580, la peste ravagea de nouveau cette ville, Rouvrois-sur-Meuse, Creuë et les alentours, et en 1630, elle commença à sévir à Pâques pour ne disparaître qu'en 1637 (3) au

(1) En prévision de cette épidémie, le conseil municipal de Troyon vota 300 fr. le 10 mai 1832, pour achat de médicaments.

(2) Les comptes de Jean de Keures, prévôt, receveur et gruyer de Saint-Mihiel pour 1508 1509, relatent qu'un nommé Humbert le Galot, de Lacroix, fut condamné à l'amende pour avoir reçu chez lui des gens venant d'un pays où régnait la peste (Cl. Bonnabelle, *Notes sur Lacroix-sur-Meuse*, p. 4).

(3) Demenge Sydon, et Bastienne Brion, sa femme, de Tilly, se sont fait enregistrer en la confrérie de Troyon le 22 septembre 1632, lorsque ceux de Tilly *étoient affligés de la contagion*.

milieu de calamités sans nombre. On peut donc affirmer sans crainte qu'une ou plusieurs de ces pestes désolèrent Troyon.

De 1701 à 1720, il y eut à Troyon 210 décès, dont 75 d'enfants au-dessous d'un an, 65 de jeunes gens de moins de vingt ans, et de deux centenaires. Moyenne de la vie dans cette période : 19 ans et demi. De 1781 à 1790, 186 décès, dont 65 d'enfants de moins d'un an. Moyenne de la vie : 27 ans 6 mois. De 1811 à 1820, 141 décès, dont 45 d'enfants au-dessous d'un an. Moyenne de la vie : 30 ans 8 mois. De 1881 à 1890, 111 décès au-dessus d'un an, 18 au-dessous. Moyenne de la vie : 45 ans.

Le relevé des décès de 1801 à 1840 nous a donné : *Hommes :* 2 nonogénaires, 26 octogénaires, 36 septuagénaires : en tout 64 sur 162 décès ou 40 pour cent. *Femmes :* 2 nonogénaires, 21 octogénaires, 34 septuagénaires : en tout 57 sur un nombre égal de décès, soit 35 pour cent.

En 1737, le 8 novembre, *Ursule Gillon*, veuve de Nicolas Hanry, meurt à 104 ans environ. En 1740, le 18 septembre, *Léonard Villet*, décède âgé d'environ 100 ans.

De 1868 à 1893 compris, le nombre des naissances, égal à celui des décès, est de 324.

On comptait à Troyon, lors du recensement de 1891

Hommes : Octogénaires... 10 } 32
— Septuagénaires. 22 }
Femmes : Nonogénaires... 1 } 31 } 63 sur 520 habitants.
— Octogénaires.... 10 }
— Septuagénaires . 20 }

Médecins et chirurgiens. — Ont habité Troyon : *Jean la Gaude*, chirurgien, décédé en cette commune le 24 avril 1699 ; — *Jean Sarlandier*, chirurgien juré, en 1713 ; — *Louis-Martin Dourland*, chirurgien, décédé à Troyon le 1er mai 1748 ; — *Nicolas Legrand*, chirurgien en 1774 ; — *Jean-Baptiste de Rochebrune*, maître chirurgien, décédé à Troyon le 15 novembre 1794 ; — *François-Luc Boittier*, officier de santé en 1822 ; — *Nicolas-Pierre François*, docteur en médecine et meunier, en

1844; — *Alexis-Auguste Colin*, docteur en médecine, en 1855, décédé à Tilly le 19 juillet 1894.

Sages-femmes. — 1694, 5 septembre. — *Françoise Le Mayeur* est élue comme suit : « Aujourd'hui cinquième septembre 1694, Françoise Le Mayeur, veuve de Didier André, de cette paroisse, âgée de quarante-huit ans ou environ, a été élue dans l'assemblée des femmes de cette paroisse, à la pluralité des suffrages, pour exercer l'office de sage-femme, et a prêté serment entre nos mains conformément à l'ordonnance de M. l'évêque de Verdun. Signé Georges Toussaint, curé ».

Celles qui suivent ont été élues dans cette forme; quelquefois le maître d'école assistait le curé et signait au procès-verbal. — 1697, 15 mars : *Henriette Guérard.* — 1705, 3 octobre : *Anne Coutelet.* — 1722, 3 novembre : *Élizabeth Zambaux.* — 1737, 15 novembre : *Anne Sezelan* (1), femme Duquesnois. — 1775, *Marie-Anne Hanry;* l'était encore en 1797. — Ensuite vient *Marie-Anne Prud'homme*, de Troyon, qui reçoit des sieurs Delacourt et Moreau, professeurs d'accouchement à Bar-sur-Ornain, un « certificat de capacité comme matrone ».

Quoiqu'ayant peu de ressources, la commune s'impose des sacrifices pour soins médicaux. Le budget de 1893 porte en effet les chiffres suivants :

Frais de pension d'une hospitalisée	285f 45
Allocation au médecin	180 »
Traitement de la sage-femme	200 »
Achat de médicaments	20 »
Total	685f 45

Agriculture, Commerce, Industrie. — L'agriculture, fort en honneur à Troyon, y progresse néanmoins lentement. Le cultivateur, esclave d'une prudence exagérée, n'accueille qu'avec hésitation les instruments et les méthodes culturales que l'expérience a consacrés. Le labour acharné auquel il se livre n'est pas suffisamment rémunérateur, parce qu'oubliant trop que l'a-

---

(1) Nous orthographions son nom d'après sa signature.

griculture est avant tout une science complexe, il met souvent *la charrue avant les bœufs*, c'est-à-dire le travail des bras avant l'intelligence raisonnée de sa profession. S'abonner à un bon journal agricole, s'affilier à un syndicat ou à une société d'agriculture, visiter une exploitation modèle ou une exposition d'animaux, de produits ou d'instruments aratoires, lui semblent une dépense superflue. Il y a certes d'honorables exceptions, qui ne font que confirmer la règle, mais l'agriculture y est restée un métier.

Nous reconnaîtrons volontiers que, depuis soixante ans, des progrès ont été réalisés. La substitution de la faux à la faucille, de la machine à battre au fléau, du tarare au petit van d'osier, — l'amélioration du bétail, des instruments de transport et de labourage, — une culture plus soignée, qui a purgé le sol des plantes parasites, — une fumure plus abondante, — un meilleur choix des semences, — l'introduction, dans ces dernières années, d'instruments aratoires perfectionnés, sont autant d'étapes successives vers d'autres perfectionnements désirables.

Car à côté de cela, que de *desiderata !* La perte continue des gaz et du purin sans une seule fosse pour le recueillir, — un assolement triennal trop absolu, — le morcellement des terrains, — l'abus des légumes fourragers dans les jachères, — le dédain pour les engrais commerciaux, — l'ignorance des éléments de comptabilité agricole, — l'absence totale de moutons, — celle d'abreuvoirs hygiéniques et commodes, — l'agencement défectueux de la plupart des écuries et des étables, — et surtout la culture ruineuse des terres éloignées et pauvres, — tels sont les points principaux sur lesquels il importe d'appeler l'attention des cultivateurs troyonnais.

Voici ce qu'écrivait Durival, en 1757, dans sa *Description de la Lorraine et du Barrois* : « Nous cultivons trop. Toute terre labourée n'est pas labourable, et l'on ne doit donner ce nom qu'à celles qui récompensent libéralement les soins du cultivateur. Il vaut mieux, dit le Suisse, mettre deux arpens l'un sur l'autre qu'à côté. On traîne sa charrue sur des coteaux éloignés et stériles qui rendent à peine la semence; on y porte des engrais dont on ne s'aperçoit qu'une année, et qui, dans de moins mauvaises terres, les auraient soutenues longtemps ». Nous n'eussions pu mieux dire.

Suivant une déclaration du curé Guerrier, en 1708, on ne cultivait alors, à Troyon, que du froment, du méteil et du seigle médiocres. Il oublie l'orge, ou tout au moins l'avoine. De grands progrès ont été réalisés depuis lors; à cette époque, il est vrai, l'agriculture lorraine était à peine remise de la crise épouvantable qu'elle avait traversée, de 1630 à 1690, sous les règnes désastreux des ducs Charles IV et Charles V.

Jusqu'à 1830 environ, la prairie de Troyon se partageait en trois lots : dans l'un et à tour de rôle, on faisait du regain ; les deux autres étaient livrés à la vaine pâture du gros bétail, chevaux et bêtes bovines. Depuis, on fait partout du regain : les vaches, beaucoup mieux nourries donnent plus de lait et de fumier. On prétend que la prairie en souffre; les avis sont partagés; nous sommes pour la négative. Les troupeaux en commun aident d'ailleurs à la propagation des maladies contagieuses et de épizooties.

Autrefois la vaine pâture était la règle pour les prés.

En 1723, survint dans nos contrées une sécheresse printanière de trois mois qui brûla les prairies et obligea, au mois de juin, de permettre la vaine pâture dans les bois jusqu'au 1er septembre et de *faire des regains*.

En 1731, le printemps fut aussi très-sec, la fenaison produisit peu; la régente de Lorraine pour son fils François II, Charlotte d'Orléans, permit d'abord, puis après *ordonna* de mettre des prairies en réserve pour faire des regains, et autorisa la pâture dans les forêts (1).

En 1893, l'année fut des plus sèches, la paille et le foin firent défaut, mais un regain assez abondant sauva la situation. L'administration des forêts autorisa les particuliers à ramasser des feuilles sèches dans les bois pour en faire de la litière.

Ambly faisait paître indûment son troupeau dans la partie nord des prés de Troyon qui, à cet effet, lui intenta un procès.

---

(1) Durival, *Description de la Lorraine et du Barrois*, t. I, pp. 125 et 140.

L'ayant perdu en première instance à Saint-Mihiel, Troyon appela de ce jugement à Nancy, gagna cette fois son procès, et Ambly dut se renfermer dans les limites de son territoire.

Statistique agricole décennale de 1892.

Cultures alimentaires (grains, etc.)...............	595 hectares.
Prairies artificielles, fourrages divers..............	100 — (1).
Cultures industrielles............................	10 —
Jachères..	50 —
Total..........	755 hectares.

Nombre d'hectares cultivés en :

Blé.............	180 hect.; rapport moyen de l'hect.		12 hectolitres.
Seigle..........	25 —	—	12 —
Orge...........	140 —	—	20 —
Avoine.........	100 —	—	20 —
Pommes de terre.	130 —	—	65 quint. métr.
Betteraves......	20 —	—	160 —
Trèfle..........	40 —	—	15 —
Luzerne........	26 —	—	12 —
Sainfoin........	12 —	—	12 —
Navette........	10 — (2)	—	16 hectolitres.

On cultive aussi, mais en petite quantité, les pois, les lentilles et la moutarde blanche (*hurlu*). La culture du chanvre est entièrement abandonnée. En 1855, on en semait encore un hectare.

Chaque maison possède un jardin, où l'on cultive les plantes potagères les plus communes pour la consommation de la famille. Le sol, généralement sableux, ne convient pas aux arbres fruitiers.

Chevaux et juments de trait : 99 ; Poulains et pouliches : 32 ; Taureaux : 2 ; Bœufs à l'engrais : 10 ; Vaches : 120 (3) ; Bouvil-

(1) En 1855, 190 hectares.
(2) 1855, 69 hectares. Le sol, effrité, n'en produit presque plus.
(3) Elles produisent chacune, année moyenne, 1.200 litres de lait

lons : 28; Génisses : 32; Veaux de moins d'un an : 27 (1); Porcs : 220 (2); Porcelets : 115; Chèvres : 8.

Ce bétail produit chaque année 15.600 quintaux métriques de fumier, soit vingt quintaux par hectare cultivé. Cette quantité n'est pas suffisante.

Poules et coqs....	1.140; valeur moyenne	....	2f »
Oies.............	125	—	5 »
Canards et canes..	124	—	2 25
Dindes et dindons.	8 (3)	—	7 »
Pigeons.........	210	—	0 60
Lapins	930	—	2 »

Instruments aratoires :

Charrues simples : 50; Bisocs : 1; Houes à cheval : 47; Machines à battre fixes : 35; Faucheuses mécaniques : 7 ; Râteaux à cheval : 6; Véhicules pour transports : 105; Rouleaux simples : 68.

La division du finage en petites parcelles s'oppose à l'emploi des moissonneuses à deux chevaux.

Ces derniers, de moyenne taille, sont vigoureux et résistants; les vaches, qui se rapprochent de la race suisse, sont généralement belles sans être très-grosses. Le bétail est bien nourri. La culture se fait avec les chevaux; on y emploie quelques vaches et l'on dit s'en bien trouver (4).

qui sert aux usages domestiques, à l'alimentation des veaux, des jeunes porcs, à la fabrication du beurre et du fromage commun.

(1) La plupart des veaux sont livrés à la boucherie à l'âge de cinq à six semaines.

(2) Une centaine sont vendus aux charcutiers ; les autres servent à la consommation locale. Leur poids moyen, vifs, est de 125 kilos.

(3) L'éducation des dindons a été à peu près abandonnée comme trop aléatoire.

(4) Devançant nos modernes législateurs, qui sont encore à cet égard dans la période d'incubation, le duc de Lorraine, Charles IV, par son ordonnance du 5 juin 1641, fait défense de saisir les bêtes et outils servant au labourage, comme aussi les grains servant à la semaille et

Huit particuliers possèdent des abeilles.

Nombre des ruches peuplées : Anciennes en paille : 25 ; à cadres mobiles : 17 ; total : 42.

Rapport moyen d'une ruche par année : en paille, 6 francs ; à cadres : 14 francs.

Prix de la main-d'œuvre en 1895 :

Labours pour ensemencer un hectare de blé, 65 fr. ; — de seigle, 60 fr. ; — d'orge, 38 fr. ; — d'avoine, 18 à 20 fr., et 18 fr. pour chaque labour, en moyenne.

Transports à distance, par jour, 1 homme et 1 cheval non nourris, 10 fr. ; — 2 chevaux, 12 fr. ; — 3 chevaux, 15 fr.

Transports au pays, par jour, 1 homme et 1 cheval nourris, 6 fr. ; — 2 chevaux, 10 fr. ; — 3 chevaux, 12 fr.

Transport d'une voiture de foin ou de céréales, en moyenne, 1 fr. 50 ; d'engrais ou racines, 3 fr.

Fauchage d'un hectare de pré, 10 fr. ; — de blé ou seigle, 20 fr. ; — d'orge ou d'avoine, 10 fr.

En sus de ces derniers prix, 6 litres de vin.

Journée d'homme, en fenaison et en moisson, 2 fr. 50 ; — de femme, 1 fr. 50 ; — d'homme en temps ordinaire, 1 fr. 50 ; — de femme, 1 fr. — Tous les journaliers sont nourris à Troyon.

Gages d'un domestique, 350 fr. par an ; — d'un chef de culture, 480 fr.

Prix de vente du quintal métr. de foin, récolte 1894, 5 fr. 40 ; — de pommes de terre, 5 fr. ; — de betteraves, 2 fr. 40.

Prix de vente de l'hectolitre de blé, 15 fr. ; — de seigle 10 fr. ; — d'orge, 11 fr. ; — d'avoine, 7 fr. 50.

Industrie. — A Troyon, l'industrie se borne aux besoins locaux. Voici les professions qu'on y exerce ou qu'on y a exercées : tourneur en bois, relieur, tanneur, *tonnelier* (1), brasseur,

---

à la nourriture des laboureurs et de leurs familles. Cette nourriture est fixée à raison de trois résaux, mesure de Nancy, pour chaque personne et par année (Durival, *Descript. de la Lorr. et du Bar.*, t. II, p. 287).

(1) Les mots en *italiques* marquent les professions actuellement exercées à Troyon.

racaillon (couvreur), marcaire, *tailleur d'habits*, *couturière*, *repasseuse*, taillandier, *maréchal-ferrant*, *tailleur de pierre*, maçon, *charron*, *éclusier*, tissier (tisserand), siamoiseur, jardinier, *cantonnier*, *liquoriste*, *distillateur*, charpentier, *plâtrier*, *cimentier*, peintre en bâtiment, géomètre-arpenteur, chaufournier, *carrier*, peigneur de laine et de chanvre, fileur de laine, chapelier, warcolier (bourrelier), meunier, *huilier*, *menuisier*, sabotier, cirier, bonnetier, *pêcheur de rivière*.

De 1840 à 1873, un petit atelier de mécanicien utilisa les eaux surabondantes du déversoir du moulin.

Par intermittence, un certain nombre de femmes et de jeunes filles brodent pour des entrepreneurs forains. Elles sont environ 45, et peuvent gagner 1 fr. 25 à 1 fr. 50 par journée de douze heures au maximum.

Commerce. — Les seules branches de commerce exploitées à Troyon sont celles d'aubergiste, de cabaretier, de cafetier, de boucher, de boulanger, de marchand de grains, de marchand de vins en gros et de liqueurs, de débitant de tabacs, d'épicier et de charcutier. En 1852, il y avait encore trois marchands d'étoffes et un marchand de poisson.

Livre d'or. — Troyon n'a produit aucun homme vraiment remarquable en aucun genre. Le seul qui mérite une mention est *Jean-Nicolas Gillon*, fils de Nicolas Gillon, cultivateur, et d'Anne Brion, né le 9 mai 1750.

En 1789, il fut nommé député du tiers-état à l'Assemblée nationale pour les bailliages de Verdun, Clermont et les Trois-Évêchés. Il exerçait les fonctions d'avocat en parlement près du bailliage de Verdun et y jouissait d'une certaine réputation. En 1791, il fut élu pour six ans président du tribunal criminel siégeant à Saint-Mihiel, pour tout le département, en vertu de la loi du 16 septembre de cette année. En 1792, il conduisit et commanda dans Verdun, assiégé par les Prussiens, un bataillon de volontaires. Atteint par un éclat d'obus le 31 août, sur le quai de la Boucherie, il mourut de sa blessure en cette ville le 6 septembre suivant. Son portrait, dessiné par Isabey, a été gravé par Beljamble. Profil à droite, figure assez insignifiante.

Jacques Gillon, avocat en parlement, exerçant au bailliage de Bar, puis secrétaire général de la préfecture de la Meuse, né de *Jean-Baptiste Gillon*, propriétaire à Troyon, et d'Élisabeth Mangin, appartenait à la même famille. Son fils, M. *Félix Gillon*, décédé à Bar-le-Duc le 14 mars 1870, exerça en cette ville, avec une rare autorité, les fonctions de président du tribunal civil.

Les Gillon de Troyon n'ont aucun lien de parenté avec MM. Jean-Landry et Paulin Gillon, anciens députés de la Meuse, originaires de Nubécourt.

Nicolas-Joseph Massin, né à Troyon, le 22 mai 1814, professeur de philosophie au grand séminaire de Verdun, décédé curé de Saint-Maurice-sous-les-Côtes le 12 janvier 1892, publia, en 1843, *Metaphisicæ et Theologiæ naturalis elementa*, en deux volumes autographiés.

M. *Zambeaux*, aïeul maternel de M. Varaigne, général de division et de M. le commandant Varaigne, était originaire de Troyon, où sa famille existe encore.

ADMINISTRATION CIVILE.

Finances. — Dans une déclaration du 2 août 1738, faite par MM. Dognon, maire, Maurice Gillon et Jean Laurent, commis-greffier, nous lisons ce qui suit :

« Nous déclarons que la communauté de Troyon doit :

« Chaque année, à la Saint-Remy, 158 francs 4 gros au domaine; — aux dames religieuses de la Congrégation de Saint-Mihiel, une somme de 4.200 francs, datée des 1er mai et 21 juillet 1659; — au sieur Hallot, de Saint-Mihiel, 10.000 francs en date du 12 octobre 1661; — à Mme de La Grange de Moronvaux, 2.800 francs en date du 16 avril 1648; — au sieur Pierre François, de Verdun, 9.333 francs en date du 12 janvier 1660, de laquelle somme la communauté est condamnée par arrêt du Conseil en l'année 1731 de payer 200 francs par chacun an; — au sieur Tardivel, 4.000 francs en date du 21 décembre 1660 » (Arch. Meurthe-et-Moselle).

Ces emprunts, montant à la somme de 30.333 francs barrois, ont sans doute été employés à la reconstruction de l'église, consacrée en 1674, et au remboursement de dettes contractées pendant les malheurs du temps.

Le 10 août 1792, la commune de Troyon est obligée de payer 7.307" 6s 6d pour sa quote-part, sur 310.843" 17s 4d dont le département est imposé au foncier, et sur 55.935" qu'il doit de contribution mobilière.

Nous allons comparer les budgets de plusieurs années pour établir une moyenne.

An X. — Recettes : 2.172 fr. 10 ; — Dépenses : 608 fr. 36. — Boni : 1.563 fr. 74.

1822. — Recettes : 6.477 fr. 17 ; — Dépenses : 2.043 fr. 66. — Boni : 4.433 fr. 51.

1831. — Recettes : 19.903 fr. 89 (1) ; — Dépenses : 7.220 fr. 56. — Boni : 12.683 fr. 33.

1849. — Recettes : 5.565 fr. 44 ; — Dépenses : 4.853 fr. 53. — Boni : 711 fr. 91.

1859. — Recettes : 9.585 fr. 78 ; — Dépenses : 5.382 fr. 75. — Boni : 4.203 fr. 03.

      Moyenne des recettes. . . . . . 8.740 fr. 87.
      —   des dépenses. . . . . 4.021 fr. 57.

Le budget de 1893 porte comme recettes principales :

Rentes sur l'État.....................	743f »
Locations de terrains..................	265 »
Vente d'herbes de prairies.............	2.453 »
Taxes sur affouages...................	1.274 40
Taxe pour contribution et frais d'administration des forêts...................	1.380 60
Location des chasses..................	417 »
Produit des prestations................	1.506 60
A ajouter : divers.....................	1.930 88
Total des recettes................	9.970f 48

(1) Cette augmentation de recettes est due à la vente d'une portion du Quart en réserve.

Auquel il convient d'ajouter un boni de 6.484 fr. 74 pour 1892.

Les principales dépenses sont :

Frais d'administration...................	386f »
Forêts : garde, exploitation.............	1.778 71
Impôts de toute nature.................	689 50
Instruction publique....................	338 »
Services médicaux, sage-femme, etc......	728 75
Salaire du garde champêtre..............	200 »
Prestations............................	1.508 09
Intérêts dus et taxe 4 p. 0/0............	657 74
Remboursement d'obligations communales.	3.000 »
Diverses menues dépenses...............	1.671 45
Total des dépenses......	10.958f 24

Le déficit serait donc de 987 fr. 76, sans le boni de l'exercice précédent; il restait réellement en caisse 6.484 fr. 74 — 987 fr. 76, ou 5.496 fr. 78.

La commune n'a d'autre dette que celle de 14.000 francs, redus à divers propriétaires sur la construction du pont de Sartel.

Le produit du Quart en réserve est bien moindre depuis la dépréciation des bois.

Invasions. — Les invasions de 1814 et de 1815 ont coûté à Troyon, sans compter les objets pillés ou détruits, une somme de 8.193 fr. 80, savoir :

Objets de consommation................	1.968f 50
Vêtements, toile......................	2.676 »
Fourrages............................	1.927 05
Outils, bois d'œuvre...................	157 »
Voyages, frais divers..................	1.465 25
Total..............	8.193f 80

L'État, sur cette somme, a remboursé en deux fois 1.574 fr. 15.

Le quintal de blé fut coté 13 francs, — celui de seigle, 8 francs, — celui de pois, 9 francs, — l'avoine, 9 francs, — le sac de 12 boisseaux, mesure de Bar, — l'orge, à 3 francs le franchard comble, — le foin, à 25 francs le mille (500 kil.) sur place, — et la paille à 1 fr. 50 le quintal (1).

L'invasion de 1870 a coûté 45.913 fr. 77, ainsi répartis :

Objets de consommation	3.379f 65
Fourrages	6.770 95
Bestiaux	6.247 50
Charrois	3.825 50
Argent	15.497 60
Divers	1.833 89
	37.555f 09
Consommé en huit passages de troupes	8.358 68
Total	45.913f 77

Les passages de troupes ont eu lieu comme il suit : le 25 août 1870, dragons ; — le 26 août, saxons ; — le 20 octobre, dragons ; — le 31 octobre, cuirassiers ; — le 3 novembre, ambulanciers ; — le 4 novembre, lanciers, artillerie et bataillon du 33° de ligne ; — le 10 novembre, artillerie et bataillon du 40° ; — enfin le 18 décembre, soldats de la ligne. — Aucun fait de pillage n'a été signalé. La prudente fermeté du maire, M. Massonpierre, a su maintenir chefs et soldats dans le devoir et modérer leurs exigences. La commune a dû faire un emprunt, aujourd'hui remboursé, de 21.964 francs. Elle a reçu de l'État, comme indemnité, la somme totale de 11.440 fr. 40. Les habitants ont fait l'abandon de ce qu'ils avaient fourni aux troupes de passage, estimé ci-dessus à la somme de 8.358 fr. 68.

Le quintal de blé a été coté 30 francs, et le double décalitre d'avoine 2 fr. 75.

Assistance publique. — Nous rééditons volontiers en France, sous une autre forme, les ordonnances des siècles

---

(1) Un fort détachement de troupes ennemies a séjourné à Troyon du 13 au 19 avril 1814 inclusivement.

passés. En 1727, le duc de Lorraine, Léopold Ier, impose partout l'*aumône publique*, à laquelle chacun doit participer suivant ses moyens. Chaque lieu est chargé de ses pauvres, et il doit exister, dans toutes les villes, bourgs et villages, un bureau autorisé à taxer et à juger sans appel ceux dont les offres volontaires ne seraient pas en rapport avec leur situation de fortune. On doit des secours aux invalides, infirmes ou malades indigents; le travail est prescrit aux autres. Il établit même une maison de force pour les y obliger au besoin. François III, son successeur, confirma ces prescriptions le 19 avril 1730, et obligea les contribuables à l'aumône publique, de quelque état qu'ils soient (V. Durival, *Description de la Lorraine et du Barrois*, t. I, p. 131).

Ces ordonnances étaient très-propres à mettre fin à la paresse, au vagabondage et à la mendicité.

Troyon a très-peu d'indigents, et nous avons vu qu'une somme assez élevée est affectée annuellement aux soins à donner aux malades pauvres. En temps de crise, le conseil municipal vient en aide aux nécessiteux. C'est ainsi que le 13 novembre 1855, il vote une somme de 80 francs pour leur donner de l'ouvrage, et propose qu'une quête à domicile soit faite dans le même but. Le 29 janvier 1854, il sollicite la création d'un comité de bienfaisance dans la commune et, vu l'insuffisance des ressources communales, demande une allocation de 50 francs, qui lui est accordée, sur le crédit de deux millions affectés par l'État à la formation de ces comités.

Établissements divers. — *Notaires*. — Troyon eut autrefois des tabellions ou *notaires garde-notes*, comme on les nommait alors. Voici ceux dont nous avons retrouvé les noms :

Barbelin Gillon, en 1624; — *Nicolas Gillon*, en 1635, l'était encore en 1654; il avait pour commis *Claudin Pécourt*; — *Jean Laurent*, décédé en 1682.

Poste aux chevaux. — Le premier maître de poste connu à Troyon est *Jean Gillon*, en 1737. Puis viennent :

Nicolas Gillon, son fils, décédé le 2 septembre 1782; — *Joseph Gillon*, fils du précédent, l'est encore en 1819; — *Nicolas-*

Hyacinthe Gillon; après sa mort, arrivée le 2 juin 1840, sa veuve *Marie-Anne Gossin* continue d'exploiter son brevet, épouse un sieur Duverger, et cède la poste à son neveu *Nicolas-Joseph Massonpierre*, en 1844. Ce fut le dernier maître de poste de Troyon; il dut quitter ses fonctions vers 1874, après l'ouverture du chemin de fer de Lérouville à Sedan.

Gendarmerie. — La brigade de gendarmerie à cheval de Troyon fut créée pendant la Révolution. La première mention qui en soit faite dans les archives communales est du 13 frimaire an V (3 décembre 1796). Elle fut d'abord logée au presbytère, que le curé Antoine Lefebvre occupait encore le 21 septembre de cette année.

Postes et télégraphes. — Dès le 3 mars 1836, le conseil municipal sollicita la création d'une distribution des postes à Troyon; mais cette distribution, transformée depuis en recette, ne fut établie qu'en 1837. Augmentée d'un bureau télégraphique, elle dessert Troyon et Ranzières, — Ambly, Bouquemont et Woimbey au moyen de deux facteurs. Un piéton fait deux fois par jour le service des dépêches entre Troyon et la gare de Villers-sur-Meuse.

Percepteurs. — Après la Révolution, *Charles Villet* exerça à Troyon les fonctions de percepteur et de receveur municipal.

M. *Leblan-Jacquemard* lui succéda, et remit la perception à son fils qui dut démissionner comme étant négociant.

Troyon dépend de la perception de Lacroix-sur-Meuse.

Pompiers. — La commune a une pompe à incendie depuis 1824, mais elle n'a pas de compagnie de pompiers organisée. Les incendies y sont très-rares.

Fontaines publiques. — Troyon possède deux lavoirs couverts assez incommodes : l'un en bois avec poteaux, placé au centre du village, sur le ruisseau du moulin ; l'autre, en pierre, au sud, d'abord alimenté par des sources, l'est actuellement par l'eau du canal de navigation. Ce dernier lavoir, inabordable pendant les grandes eaux, a été construit en 1832 et a coûté 2,017 fr. 43, plus les honoraires de l'architecte. Un troisième lavoir, situé à l'entré du *Pâquis* et communiquant avec le canal, serait le plus commode s'il avait une couverture, parce qu'il est à niveau constant.

Foires et Marchés. — Troyon n'a jamais eu ni foire ni marché.

Dans ses délibérations des 8 février 1833, 10 février, 9 août et 20 septembre 1836, le conseil municipal réclame sans résultat la création de deux foires annuelles, le 20 mars et le 20 septembre.

Le 10 mai 1849, le 6 janvier 1850 et le 8 février 1851, il demande, sans plus de succès, l'établissement d'un marché aux bestiaux dans la commune.

Station d'étalons. — Une station d'étalons a existé à Troyon, sans que nous sachions à quelle époque. Cela résulte d'une délibération du conseil municipal du 9 mai 1846, qui en sollicite *le rétablissement.*

Mayeurs et Maires (1).

1405. — Fils de *Warrins*, et fils de *Jean Petit* de Lacroix, maires de la ville de Troyon et de la seigneurie d'icelle.

1616. — *Jean Dognon*, l'aîné.

1631. — *Jean Dognon*, le jeune.

1647. — *Claude Gillon*, mayeur et lieutenant de justice; l'est encore en 1685.

1684. — *Laurent Le Gaigneur*.

1694. — *Jean La Gronde* est maire royal.

1704. — *Nicolas Fiot de la Tour*. Il décéda le 21 février 1725, à l'âge de *octante* ans.

1738. — *Dognon*.

1740. — *Maurice Gillon*, le jeune.

1754. — *Nicolas Zambaux*.

1775. — *François Le Blan*.

---

(1) Nous ne sommes pas certain que tous ces maires ou mayeurs soient ceux de la communauté. Le duc de Lorraine avait aussi le sien, de même que le seigneur de Lisle; c'est pourquoi nous en trouvons quelquefois plusieurs en même temps avant la Révolution.

1787. — *Jean-Charles Garot*, originaire de Saulx-en-Woëvre, décédé le 7 octobre même année. — *Jacques Le Blan*, son procureur.

1790. — *Jean-Baptiste-Joseph Jamin*, ex-instituteur.

1791. — *François Dion*, démissionnaire le 5 juin 1792.

1792, 14 juillet. — *Jean-Nicolas François*, réélu le 28 novembre suivant. — *Jean-Nicolas Gossin*, et *Joseph Le Blan*, officiers municipaux. — *Joseph Dognon*, procureur.

1794, 18 juin. — Joseph Le Blan signe en qualité de maire. Est confirmé dans ses fonctions le 20 prairial an VIII (9 juin 1800).

1803, 29 vendémiaire an XII (22 octobre).— *Jacques Le Blan*.

1808, 1er janvier. — *Moullad, Étienne*, inspecteur vétérinaire.

1815, 26 avril. — *Joseph Dognon*, maire provisoire.

1815, 22 juin. — *Moullad*, pour la seconde fois.

1815, 14 novembre. — *Jean Lambert*, capitaine en retraite, chevalier de la Légion d'honneur.

1816, 13 juillet. — *Moullad*, pour la troisième fois.

1816, 13 octobre. — *Jean Lambert*, pour la seconde fois.

1821, 1er juin. — *Moullad*, pour la quatrième fois. Décédé en fonctions le 8 mars 1829.

1829, 17 novembre. — *Dominique Leblan*, chevalier de la Légion d'honneur.

1830, 22 novembre. — *Jean Lambert*, pour la troisième fois.

1836, 18 juillet. — *François-Joseph Leblan-Lelorrain*, en remplacement de M. Lambert, démissionnaire.

1841, 13 septembre. — *Sébastien Fortin*, décédé le 19 mars 1894.

1869, 22 février. — *Nicolas-Joseph Massonpierre*, conseiller municipal du 28 août 1850, — adjoint jusqu'à son élection comme maire depuis le 30 juin 1852; — maire pour la première fois jusqu'au 21 janvier 1878.

1878, 21 janvier. — *Vasseur, Jean-Joseph*.

1881, 23 janvier. — *Nicolas-Joseph Massonpierre*, pour la seconde fois; encore en fonctions.

1735. — *Pierre Lhuillier* est doyen en la mairie de Troyon.

1736. — *Joseph Le Blan* est contrôleur à Troyon.

1759. — *Jean-Baptiste Laurent* est lieutenant du maire de Troyon.

Instruction primaire. — Dès 1623, nous trouvons à Troyon un régent d'école. Si les archives communales remontaient au delà de cette époque, nous en eussions trouvé d'autres. Dans les temps anciens, l'instruction des enfants, très-élémentaire il est vrai, mais suffisante alors, était, ainsi que l'éducation, moins négligée qu'on ne le croit généralement (1).

L'instituteur était alors l'auxiliaire du curé; il chantait au lutrin, sonnait les *Ave Maria* ainsi que les offices et remplissait les fonctions de sacristain. Les habitants le choisissaient eux-mêmes, sauf approbation de l'autorité ecclésiastique. En 1833, ce choix fut remis aux conseils municipaux, et maintenant le préfet nomme et déplace les instituteurs sur l'avis de l'autorité académique.

N'ayant pu découvrir, dans les archives troyonnaises, quelque traité d'engagement d'un ancien maître d'école, nous donnons, faute de mieux, celui que souscrivit M. Pierre, instituteur à Troyon, en présence du conseil de fabrique, le 9 octobre 1831, pour exercer les fonctions de clerc laïque. Il doit :

1° Assister M. le curé, sur sa demande, dans toutes les fonc- de son ministère qui exigent un aide;

2° Sonner trois fois le jour, suivant la coutume, — la messe, les vêpres, prières et offices publics, aux heures indiquées aussi par M. le curé, tant le dimanche que les autres jours de la semaine;

3° Remplacer le sacristain les jours ouvriers;

4° Apprendre aux enfants le plain-chant pour se faire accompagner pendant les offices;

5° Leur enseigner à servir la messe et les cérémonies;

6° Balayer l'église la veille des fêtes et dimanches.

Moyennant quoi il est alloué à M. Pierre 6 francs de fixe sur la fabrique, et tous les casuels et honoraires que les tarifs et les usages locaux lui attribuent.

(1) Consulter les excellents travaux de M. Maggiolo, ancien recteur de Nancy, sur les écoles primaires en Lorraine.

Avant la Révolution, et même depuis, Troyon ne possédait pas de maison d'école ; l'instituteur se logeait à ses frais, le plus économiquement possible, et exerçait même quelque métier dans la chambre où s'entassaient les enfants. Les locaux scolaires de Troyon ne remontent guère au delà de 1810. L'école fut, jusqu'à cette époque, commune aux deux sexes; cependant nous trouvons à Troyon, en 1788, une institutrice congréganiste. Comme d'usage, les classes s'ouvraient à la Toussaint pour se fermer à Pâques.

Les locaux scolaires de Troyon sont suffisants, mais installés dans le quartier le moins propre et le moins sain du village.

De 1701 à 1710 inclus, il y a eu à Troyon 29 mariages : 23 époux et 15 épouses ont signé.

De 1781 à 1790, 34 mariages : 33 époux et 28 épouses ont signé.

De 1811 à 1820, 52 mariages : tous les conjoints ont signé.

De 1871 à 1880, 44 mariages : tous les conjoints ont également signé.

En général, et surtout dans les deux premières périodes, les hommes signent mieux que les femmes; chez celles-ci néanmoins on trouve de belles écritures pour l'époque.

Tout le monde aujourd'hui, à de rares exceptions près, possède à Troyon une instruction suffisante, mais rien de plus, sans paraître en désirer davantage.

INSTITUTEURS (1). — 1623. M⁰ *Nicolas;* — 1626. M⁰ *Claude Simonnet;* — 1633. M⁰ *Antoine Pasquin;* — 1636. M⁰ *Fremy Pécourt;* — 1642. *François Thomas;* — 1654. *Nicolas Le Blan;* — 1721. *Jean Barthélemy;* — 1724. *Dominique Le Blan;* — 1727. *Pierre Ustry;* — 1732. *Jean Médard;* — 1737. *Jean Laurent;* — 1753. *Jean Médard,* pour la seconde fois; — 1764. *Jean-Baptiste-Joseph Jamin;* — 1775. *Jean Zambaux;* — 1778. *Jean-Baptiste-Joseph Jamin,* pour la seconde fois; — 1786. *François-Sébastien Giron,* de Ranzières; — 1831, novembre. *Ni-*

(1) Sauf en ce qui concerne les cinq derniers, les dates indiquent, non les années où ils sont entrés en fonctions, mais celles où nous les y avons trouvés. Il en est de même des maires avant la Révolution.

colas *Pierre*, régulièrement nommé le 30 septembre 1834 ; — 1836, octobre. *Nicolas-Tite Carlut*, régulièrement nommé le 31 mars 1837 ; — 1864, 8 octobre. *Eugène Nicolas* ; —1868, 22 mai. *Dominique Mettavant* ; — 1888, 21 septembre. *Antoine-Célestin Léclancher*, actuellement en exercice.

INSTITUTRICES. — En 1788, on trouve *Marie-Jeanne Prin*, sœur d'école à Troyon, sans indication de la congrégation dont elle fait partie.

Dispersée pendant la tourmente révolutionnaire, la congrégation des sœurs de la Doctrine chrétienne de Nancy fut restaurée en 1804, mais elle ne fournit des institutrices à Troyon qu'à partir de 1810. En voici la liste :

1810. Mme *Chantard*, sœur Sophie ; — 1819. Mme *Duval*, sœur Sophie, suppléée momentanément par sœur *Paule Bertrand* ; — 1836, novembre. Mme *Georges*, sœur Hydulphe ; — 1844, 20 décembre. Mme *Valentin*, sœur Marie-Anne (1) ; — 1847, 24 novembre. Mme *Ferry*, sœur Madeleine ; — 1880, 25 septembre, Mme *Fleurichampt*, sœur Saint-Adrien, en fonctions.

ÉCOLE MATERNELLE. — 1857, 4 mai. Mme *Fauconnier*, sœur Appolinaire ; — 1864, 1er octobre. Mme *Maire*, sœur Saint-Gérard ; — 1867, 8 octobre. Mme *Gérard*, sœur Agilbert, en fonctions.

CULTE.

Tous les habitants de Troyon appartiennent au culte catholique romain.

Une rue est nommée *rue des Juifs*, ce qui fait supposer que des Juifs l'habitèrent autrefois. Les archives locales n'en font pas mention, non plus que de calvinistes.

L'évêque de Verdun, Nicolas Psaume, et le bon duc Antoine, mirent tout en œuvre pour préserver nos contrées des

(1) Cette religieuse est décédée à Troyon, le 26 juin 1847, à l'âge de quarante-deux ans. Le 30 mai précédent, elle avait perdu sa sœur et sa compagne, *Marie-Anne Valentin*, en religion sœur Clotilde, âgée de quarante-sept ans. Toutes deux ont été inhumées dans l'ancien cimetière de la paroisse qui entoure l'église.

erreurs de la Réforme, dangereuse au double point de vue politique et religieux.

D'après une déclaration du curé Guerrier, il y eut en 1708 :

Communiants 227
Non communiants . . . . 110, enfants compris.

La population était alors de 337 habitants (1).

En 1871, le nombre total des communions de l'année fut à Troyon de 2.050, sur 545 habitants.

Église. — Il est difficile d'assigner une date certaine à l'érection de Troyon en paroisse et à la construction de sa première église, dont l'emplacement n'a pas changé. Ce qui est certain, c'est qu'au onzième siècle la cure de Troyon appartenait déjà aux dames bénédictines de l'abbaye de Saint-Maur de Verdun (2), comme le constatent une lettre de Thierry, évêque de cette ville, de 1046, et une bulle du pape Léon IX, de l'an 1049 (3).

L'église de Troyon est orientée, voûtée en entier, mais sans caractère architectural. Les voûtes d'arête de ses trois nefs sont supportées par des colonnes d'aspect toscan. Le chœur, lourd et sans style, est insuffisamment éclairé. Une tour carrée, construite sur le porche à l'ouest et coiffée d'une ignoble calotte en plomb, attend sa flèche depuis 1832, date de sa construction et du remaniement de l'édifice. L'ancien temple, consacré en 1674, n'avait que deux nefs : la nef centrale actuelle et celle du sud ; le chœur n'existait pas. L'autel de saint Martin, formant rétable au levant de la première, servait de maître-autel ; celui de la Vierge, actuellement au nord, dans la troisième nef, ajoutée en 1832, était placé au midi. Un clocher vulgaire à quatre pans, couvert en tuile, en forme de colombier, contenant la sonnerie et l'horloge, s'élevait au lieu de la tour actuelle, affectée au même usage.

(1) *Arch. de Meurthe-et-Moselle*, B. 11726.
(2) Cette abbaye fut fondée vers l'an 1000 par Heimon, évêque de Verdun.
(3) Dom Calmet, *Hist. de Lorraine*, t. II, Preuves.

De tout temps l'église de Troyon a été placée sous le vocable de saint Martin, patron de la paroisse (1).

Sa longueur dans œuvre est de 23ᵐ60 ; sa largeur de 19ᵐ10 ; sa hauteur de 7ᵐ15. La profondeur du chœur est de 9ᵐ90. Quelques vitraux modernes et des grisailles ornent les fenêtres.

L'église est propre et ornée avec goût.

Calvaire. — Un vieux rétable, fort diminué, relégué depuis 1840 au fond du jardin du presbytère dans un modeste oratoire dédié à sainte Anne (2), et qui, depuis bien longtemps (3) accompagnait, au chevet extérieur de l'église, un ossuaire ou charnier en forme d'auge en pierre avec couvercle, est le seul monument que possède Troyon. Ce monument a été l'objet d'appréciations très-diverses. « C'est, dit M. Oudet, architecte barrisien, dans un ouvrage inédit (4), une œuvre pie comme on en fit beaucoup dans les siècles qui suivirent nos premières expéditions en Terre sainte.

« Ce sujet d'architecture, en forme de bas-relief, se compose de parties se détachant sur un fond, les unes en demi-bosse, les autres en ronde bosse.

« Le motif offre sept niches ou chapelles de front, séparées par de riches contreforts supportant les voûtes qui couvrent le tout. La chapelle du milieu représente le crucifiement, le calvaire proprement dit. Les six autres, dont trois à droite et trois à gauche de la première, contiennent chacune deux apôtres, accompagnés des attributs qui les caractérisent : les uns lisant, les autres conversant.

---

(1) Appliquant à Troyon le nom latin *Tronium*, Trognon, quelques auteurs ont écrit à tort que saint Maurice, patron d'Heudicourt, fut jadis celui de cette église. Heudicourt s'appelait autrefois Trognon.

(2) Cet oratoire public, ouvrant sur la campagne, fut construit par les soins et aux frais du curé d'alors, Jean Garot. Dans une lettre du 6 mai 1843, il signale à M. le Préfet de la Meuse, comte d'Arros, l'injustice qu'ont commise les agents du recensement en 1841, en chargeant le presbytère de deux ouvertures de plus à raison de cette chapelle, la considérant comme un oratoire particulier, et réclame la radiation de ces deux ouvertures (*Bibl. de Bar-le-Duc, fonds Servais*).

(3) Il est question de ce charnier dès 1701.

(4) *Monuments de la Meuse.*

« Mais c'est le couronnement de ces chapelles, de ces sept groupes, qui est d'un travail que l'on peut dire *exquis*, réellement *admirable*. C'est du plus beau style oriental qu'on puisse rencontrer. Ce sont des portions de dômes, de petites voûtes à jour, ornées de festons, véritable dentelle de pierre.

« Ce morceau a environ 2^m25 de long sur 1^m25 de haut, compris la corniche qui le couronne. Il est en pierre dure extrêmement fine; cette pierre a pris avec le temps un ton roux foncé, qui ajoute aux sentiments que l'artiste éprouve en contemplant un ouvrage d'art si délicat fait par nos pères, à une époque déjà si éloignée de nous.

« Il ne serait donc pas hors de vraisemblance que ce sujet provînt d'un ancien temple construit probablement vers le onzième ou le douzième siècle, et portant le caractère d'architecture riche et délicat de l'époque, dont le calvaire nous offre le type. Ce calvaire est peut-être l'*ex-voto* de quelque croisé lorrain, pour payer au Dieu des armées la dette de son retour (1) ».

Dans sa description, M. Oudet a omis un curieux détail iconographique. Au-dessus du calvaire est assis le Père éternel, tenant dans chacune de ses mains un des bras de la croix, sur le haut de laquelle est perchée la colombe, symbole de l'Esprit-Saint. Cette représentation de la Sainte-Trinité nous a paru mériter d'être mentionnée, quoiqu'on la rencontre ailleurs. Elle existe notamment au portail de l'église Saint-Evre à Nancy, mais la colombe y est figurée au-dessus de Dieu le Père, ce qui est contraire au dogme catholique enseignant que le Saint-Esprit procède du Père et du Fils.

Moins enthousiaste que M. Oudet, M. l'abbé Souhaut, ancien curé de Saint-Mihiel et doyen de Ligny, dans son ouvrage intitulé *les Richier et leurs œuvres*, attribue le calvaire de Troyon à Jean II Richier, frère de l'auteur du Sépulcre. Cette attribution indique qu'à ses yeux ce calvaire n'est pas sans mérite.

Nous trouvons enfin, dans l'*École des Richier* de M. Marcel

(1) Communication de M. Maxe-Werly.

Lallemand, cette appréciation exagérée : « Rattacher à l'école des Richier le *Calvaire de Troyon*......, c'est faire injure à Claude, à Ligier, à Gérard ; c'est provoquer le rire et les haussements d'épaules qui accueilleraient l'auteur assez balourd pour rattacher les images d'Épinal ou des croquis de corps-de-garde à Michel-Ange et au *Jugement dernier* ».

A nos yeux, le calvaire de Troyon ne mérite ni cet excès d'honneur, ni cette indignité.

A part celle du Christ, les figures sont de grossières ébauches encadrées dans des niches ou chapelles beaucoup mieux traitées. Un groupe placé au premier plan à droite de la croix, imitation assez réussie de la *Vierge de Pitié* qui orne une chapelle de l'église Saint-Michel à Saint-Mihiel, prouve jusqu'à l'évidence que ce travail, qui n'est pas sans valeur, appartient au XVe siècle et qu'il a été inspiré par l'œuvre de Richier, comme le rétable de Génicourt-sur-Meuse, qui lui est très-supérieur comme statuaire.

Dans son ouvrage cité plus haut, M. Oudet exprimait le vœu que le calvaire restauré trouvât place dans le portail de la nouvelle église, et redoutait que ce morceau tombât au pouvoir des Vandales et des Gépides modernes. Ce vœu louable n'a reçu qu'une bien faible satisfaction en 1840, sous la pression de l'opinion publique, indignée de voir l'ancien rétable banni de l'église et même du cimetière et relégué dans la basse-cour du presbytère.

Il est également très-fâcheux que des dalles tumulaires, et des épitaphes rappelant les bienfaiteurs de la paroisse, aient disparu complètement de l'église en 1832, par suite de l'inexcusable incurie du curé d'alors.

Il existe, à l'entrée méridionale du village, un autre calvaire érigé en 1879 par M. le curé Énard, sur l'emplacement d'une ancienne croix nommée la *Croix-aux-Arbres*. Ce calvaire monumental, qui domine la route et dont les trois personnages, le Christ, la Vierge et saint Jean (1) sont en fonte et de gran-

(1) Ces statues artistiques proviennent de la fonderie de Tusey, près de Vaucouleurs.

deur naturelle, est abrité par de vieux tilleuls formant une sorte de petit parc, d'où l'on jouit d'un coup d'œil agréable sur la vallée de la Meuse et sur les coteaux qui la bornent à l'ouest.

Cimetière. — Le cimetière entoura de tout temps l'église : la surélévation du sol en fait foi. La construction du chœur et d'une troisième nef restrignit l'espace réservé aux inhumations. Dès lors, l'établissement d'un nouveau cimetière fut décidé. Ouvert en 1853, il est clos de murs, à l'est et à deux cents mètres du village.

On inhuma diverses personnes dans l'ancienne église, moyennant 20 gros payés à la fabrique, savoir : Le Gaigneur et la femme Claude Gillon, mayeur, en 1653; — un enfant de Jacques Gillon, en 1664; — François Gillon, en 1674; — Mme Coustellier, la mère du sieur Toussaint, curé, un enfant de Georges Berthault et un de Claude Gillon, en 1677; — Jean Burlin, en 1685; — Anne de la Tour, âgée de quinze jours, fille de Claude Fourault de la Tour, en 1701, etc.

En 1737, Marie-Anne Guerrier, sœur du curé Guerrier et mère de son successeur, femme de M. Le Moyne, fut inhumée dans l'église « sous le banc des chantres » devant l'autel de la Sainte-Vierge; et le corps de sa fille Marguerite Le Moyne Durasset, décédée à Verdun chez son frère, ancien curé de Troyon, alors chanoine de la cathédrale, fut ramené dans la même église suivant son désir, et mis au même lieu que sa mère, le 6 février 1742, avec les cérémonies accoutumées.

A partir de 1768, les inhumations dans les églises sont interdites, mais ce ne fut pas sans protester qu'on se soumit à cette défense.

Les prix des concessions dans le nouveau cimetière sont : Perpétuelles : 36 fr. le mètre carré. — Pour 30 ans : 12 fr. *id.* — Temporaires : 6 fr. *id.*

Presbytère. — Le presbytère actuel est celui des anciens curés de Troyon. Lors de la Révolution, il servit de caserne à la brigade de gendarmerie récemment créée. Bâti en pierre et couvert en tuiles, il comprend un vestibule, une cuisine, cinq pièces au rez-de-chaussée, — cave, greniers, fournil, remise, cours, vaste jardin clos de murs, — le tout en assez bon état.

Domaine de l'église. — Voici l'inventaire des biens appartenant à l'église de Troyon, dressé par Laurent Le Gaigneur et Nicolas Charles, échevins synodaux (conseillers de fabrique), le 28 mai 1643.

Terres. — *La Roie de la Grand-Fin.* — Un jour de terre lieudit entre les Deux-Voies ; — un demi-jour au même lieu ; — un demi-jour sur la Côte ; — deux jours en une pièce, lieudit à la Parayre (pierrière, carrière) Saint-Martin.

La Roie de Labeuvaux. — Un demi-jour au Poirier-Fiaine ; — une quarte au Buisson-Mulart ; — une quarte à Hauge-Vallotte ; — cinq quarts au même lieu.

La Roie de Champigneulle. — Un demi-jour à la fin de Jossecourt ; — un demi-jour joignant le précédent, acquesté des deniers de l'église ; — trois quarts à la Loutre, également acquesté.

Prés. — Deux fauchées à Sartel ; — deux fauchées aux Courtes-Tiges ; — le pré de la Torche, contenant cinq quarts ; — deux fauchées en Oud'Nauue ; — deux fauchées au bas de Tilly, lieudit à Loutre ; — une tierce sous les Saulx ; — une quarte sous le Mont ; — trois fauchées de prés pâturables ou environ sises au ban de Tilly, lieudit au pré Saint-Martin ; — une fauchée de pré pâturable, tenant à la Grande-Laye ; — deux autres petites fauchées, au ban de Tilly, vulgairement appelées prés de la Chapelle ; — une fauchée audit ban de Tilly avec une reculée ; — et montent lesdits prés pâturables à six fauchées moins quatre verges, le tout à l'ancienne verge.

Prés donnés en aumône à ladite église. — Deux fauchées de prés fauchables, situées au ban de Dieuc, dites à Outre-Saulx, données par défunt vénérable personne messire Richard ou Richier Dognon, prêtre, chanoine de l'église de Verdun. Ces deux fauchées sont en quatre lieux.... Une autre fauchée, sise à Sartel, donnée par défunt Florentin Le Gaigneur, vivant habitant dudit Troyon, aux fins d'y être pris les frais de son anniversaire.

Revenus de la cure. — En 1760, le revenu curial était évalué à mille francs, non compris le casuel et autres menus honoraires. Le curé jouissait alors d'un *bouverot* (1).

« Ce bouverot consiste en huit jours de terre à la roie, huit fauchées de pré, deux chènevières comme elles se contiennent, lesdits héritages francs et exempts de dîme. Toute menue dîme dépendante des maisons qui regardent le devant de la maison curiale appartient au curé, à commencer à la maison de défunt Jean Pécourt, tailleur d'habits, jusqu'à celle de Didier Jacquemot inclusivement. Il appartient aussi au curé un droit sur le domaine du prince, qui est d'un muid de blé froment, mesure de Saint-Mihiel, annuellement payable par le fermier du terrage de Sommedieue, et de vingt-cinq gros aussi par an, et ce comme une charge du domaine, ainsi que le tout est porté, tant sur le titre original de Thiébaut, comte de Bar, du dimanche après la Trinité de l'an 1228, que dans l'arrêt de la Chambre des commissaires établis pour la reconnaissance et la liquidation des dettes de l'État, rendu à Nancy le 30 août 1701.

« Il a droit aussi d'avoir une jument et deux vaches dans la prairie de Sartel et autres du ban de Troyon, à la réserve de la prairie Delà-l'eau, depuis la Saint-Georges jusqu'à la Saint-Jean d'été.

« Ledit curé a aussi ses bêtes franches de garde sur le pâturage, ce dont la commune avertira le pâtre en le louant; ce droit est porté dans le titre susdit du comte de Bar.

(1) Ce mot, exclusivement lorrain, était employé dans nos contrées pour désigner un lot de terres et de prés plus ou moins considérable, formant le patrimoine de la cure. Le curé devait payer certaines redevances à celui qui fournissait les reproducteurs communaux en espèces ovine, bovine et porcine. Habituellement le curé avait pour le bouverot ou bouvrot un fermier attitré, qui en acceptait toutes les charges, et rendait au presbytère une part convenue des bénéfices (Abbé Robinet, *Pouillé*).

En 1791, le bouverot de Troyon comprenait 30 jours et 44 verges de terres labourables pour les trois saisons, — une chènevière d'un quart et 6 verges, — un clos d'un demi-jour 2 verges trois quarts, — 5 fauchées 126 verges de pré sur le ban de Troyon, — 6 fauchées et demie et 20 verges sur les bans de Tilly, Woimbey et Bouquemont. (*Archives départementales.*)

« Il lui appartient aussi cinq fauchées de pré dans les prairies de Tilly, Bouquemont et Woimbey ».

(*Extrait d'une déclaration de la communauté de Troyon du 22 décembre 1706.*)

Cloches. — Dès 1624, l'église de Troyon possédait plusieurs cloches, car nous trouvons, pour cette année, cette mention dans les comptes de la fabrique : « Pour faire faire une corde à la grosse cloche, 1 fr. 6 gros ».

« En 1841, il n'y avait que deux cloches ; la petite fut refondue alors à l'aide d'une souscription, avec appoint de 108 francs votés par la fabrique (1). »

En 1889, une nouvelle souscription fut ouverte pour adjoindre une troisième cloche aux deux déjà existantes : elle produisit 2.022 fr. 50. Toutes furent alors fondues, en 1890, pour obtenir une sonnerie harmonique, par M. Varnier-Bulteau, de Mont-devant-Sassey (Meuse), la grosse, au moyen de la souscription, les autres aux frais de la commune.

La grosse porte cette inscription :

« Je suis née en 1890 d'une souscription paroissiale,

« M. Remy Longeaux, curé de la paroisse,

« Nicolas-Joseph Massonpierre, maire de Troyon.

« Je m'appelle *Nicole*, du nom de Jean-Nicolas Énard, décédé en 1878 à Troyon, père de M. Émile Énard, alors curé de Troyon, depuis archiprêtre de Commercy.

« J'ai eu pour parrain *Louis Grosdidier*, adjoint au maire, et pour marraine *Joséphine Dognon*, dame Massonpierre.

« J'ai été baptisée par M. l'abbé Jean-Pierre Contenot, chanoine titulaire de la cathédrale de Verdun, délégué de Mgr Jean-Pierre Pagis, évêque de Verdun ».

Cette cloche pèse 1.274 kil. 500 gr.

La moyenne qui, comme ses sœurs, porte les mêmes mentions générales, sauf ce qui concerne la souscription, a eu pour parrain *Pierre Rainon*, trésorier de la fabrique, et pour mar-

---

(1) Cette cloche se nommait *Louise;* le parrain était *Joseph Dognon*, la marraine Melle *Louise Massin.*

raine Melle *Clémentine Massonpierre*, de Troyon; elle se nomme *Jeanne*, du nom de Marie-Jeanne Vaucois, tante de M. l'abbé Vaucois, ancien curé de Troyon, actuellement doyen de Triaucourt, décédée à Troyon en 1862.

Elle pèse 875 kil. 500 gr.

La petite a eu pour parrain *Théophile Humbert*, et pour marraine *Marie-Clémentine-Louise Grosdidier*, tous deux de Troyon; elle s'appelle *Marguerite*, du nom de Sophie-Marguerite Évrard, décédée à Bar-le-Duc en 1882, mère de M. l'abbé Remy Longeaux, curé de la paroisse.

Elle pèse 627 kilog.

Ces trois cloches donnent la tierce majeure mi bémol-fa-sol aussi exactement que possible.

Toutes ont été baptisées le 16 décembre 1890.

Fabrique. — La fabrique de l'église de Troyon fut constituée le 19 nivôse an XII (10 janvier 1804), en exécution de la loi du 5 brumaire précédent (28 septembre 1803), et de l'ordonnance de Mgr l'évêque de Nancy. Le nouveau conseil fut composé de M. Varin, curé-desservant, de deux membres nommés par le préfet et de trois membres nommés par l'évêque. Ils élurent parmi eux un président, un secrétaire et un trésorier, et furent installés par le maire.

La composition et le recrutement du conseil de fabrique, dont le maire et le curé sont membres de droit, ont été modifiés depuis.

Les revenus et les dépenses de l'église étaient précédemment gérés par une sorte de conseil composé d'échevins particuliers, nommés aussi *chastelliers* et *synodaux* (1). Les registres concernant leur gestion sont complets et biens tenus, ainsi que les autres registres paroissiaux; outre une table des baptêmes de 1690 à 1844, ceux-ci contiennent d'abondants et curieux détails sur les confréries et sur les nombreuses fondations dont nous parlerons plus loin.

(1) Les conseillers de fabrique sont encore appelés *synodaux* dans quelques localités de la Meuse. — Chastellier, de *castellum* (V. Du Cange).

Obligé de nous restreindre, bornons-nous à rapporter quelques faits intéressants.

Le curé recevait annuellement pour gages 73 fr. 10 gros 2 blancs, et le maître d'école 22 fr. 5 gros.

1671. — Damoiselle Nicole Martin, veuve de Nicolas Richard, demeurant à Troyon, donne 4 francs pour aider à acheter un *melchisedech* (ostensoir) d'argent.

1672. — Dépensé 48 fr. 6 gros, tant pour achat d'un *soleil* (ostensoir), que pour avoir fait nettoyer un saint Martin d'argent massif. — Nous verrons bientôt d'où provenait cette statuette.

1685. — Reçu 10 sols de Nicolas Dognon pour avoir travaillé le jour du vendredi-saint avant la messe (1).

La même année, Pierre François a légué 20 écus pour avoir une cloche.

Le gagnage de Saint-Martin ou de l'église produit 16 paires et demie ou 33 bichets blé et orge.

1663. — Pour deux journées que l'un des échevins a employées pour aller quérir les saintes huiles à Woinville à cheval. — Le curé de Woinville, Nicolas Castillard, était sans doute alors doyen de la chrétienté de Saint-Mihiel, comme l'ont été plusieurs curés de Troyon.

1669. — Le luminaire du jour de Pâques coûte 45 francs.

1665. — Payé 3 gros deux blancs pour du feuillage et du « vert-de-gris » acheté pour former le luminaire de la fête de Troyon. Ce luminaire a coûté 8 fr. 1 gros, et 27 francs en 1668.

Les chanoines de Sainte-Croix de Verdun, décimateurs pour moitié dans les grosses dîmes de Troyon, payaient tous les ans à ce titre 1 franc à la fabrique. Ils étaient soumis à d'autres charges envers elle, car nous trouvons cette mention dans les comptes de 1647 :

« Pour la façon d'une requête, 9 gros, tendant à faire saisir les dîmes de Sainte-Croix *pour avoir un missel.* »

---

(1) Autrefois, le jeudi, le vendredi et le samedi saints étaient fêtes chômées ; vers le milieu du seizième siècle, réduits à une *demi-fête,* ils ne furent plus chômés que jusqu'à midi.

Il n'est pas sans intérêt de comparer les recettes et les dépenses de la fabrique à différentes époques.

1630. — Recettes : 324 fr. ; — Dépenses : 426 fr. 3 gros (1).

1682. — Recettes : 461 fr. 1 gros ; — Dépenses : 389 fr. 6 gros.

1805. — Recettes : 182 fr. 25 ; — Dépenses : 156 fr. 70.

1879. — Recettes : 1.280 fr. 70 ; — Dépenses : 1.355 25.

1893. — Recettes : 699 fr. 80 ; — Dépenses : 1.276 fr. 65, y compris un déficit de 425 fr. 30 sur l'exercice 1892.

On lit dans un procès-verbal de la communauté de Troyon, datée de 1706 et qui fut dressé par ordre du duc Léopold :

« Il appartient à la fabrique de Troyon un *gagnage* consistant en trois jours de terre ou environ en chaque saison, trois fauchées de pré et un quart dans les prairies de Troyon, et une fauchée dite à la Pâture, du rapport d'un écu. Le tout est affermé annuellement environ à vingt-trois franchards de grain, mesure de Verdun râclé de conseigle (méteil) et d'autant d'orge. Il y a, outre ce, quatre fauchées de pré, comme elles se contiennent, dans les prairies de Troyon, que l'on laisse tous les ans à outrée (2).

« Du depuis, on a déclaré que ces biens n'appartiennent pas à la fabrique, mais que ce sont des biens qui ont été légués successivement pour la rétribution de quatre-vingts messes hautes dont la plupart avec vigiles, à quoi il faut ajouter des capitaux pour dix-neuf cents et tant de francs, et d'autant que les rentes de ces institutions ni des gagnages ne sont pas suffisantes pour acquitter les rétributions, et qu'il y a quelques épargnes de ce qui revenait de ces rentes à la fabrique, il a été convenu que le droit qui revient à la fabrique étant acquitté, le surplus sera employé à subvenir aux services et anniversaires pour satisfaire autant qu'il se pourra à l'intention des fondateurs » (*Arch. de Meurthe-et-Moselle, état du temporel des paroisses, Doyenné de Saint-Mihiel*, p. 41, B. 295.)

(1) L'argent avait alors trois à quatre fois plus de valeur qu'aujourd'hui.

(2) A bail annuel.

Biens de la fabrique en 1767. — *Saison de Champigneulle.*
— Un jour frappant (aboutissant) sur le Pâquis ; — un demi-jour au Greffe ; — cinq quarts sous le Mont ; — cinq quarts à la Croix-le-Prêtre ; — un demi-jour à la Loutte ; — un quart entre les deux Bois.

Saison de la Grande fin. — Un demi-jour entre les deux Voies ; — un jour au même lieu ; — un jour à la voie de Ranzières ; — un-demi jour frappant sur la Parière (pierrière, carrière) à blocailles ; — un jour à la Côte ; — un demi-jour à Lignières ; — deux jours plus haut, passant à travers le chemin ; — deux jours à la voie de la Curiotte.

Saison de Labeuvaux. — Un demi-jour à Fontenelle ; — trois quarts et demi frappant sur le Vauzel le gros Colin ; — un quart à Haugevallotte ; — trois quarts au même lieu ; — un jour frappant sur la tournière du champ Creusot ; — un jour au Gros-Navet ; — un jour à Jossecourt, frappant sur le grand chemin (la route actuelle).

Prés. — Cinq quarts à Fontenoy ; — trois quarts à Sartel ; — un quart à Closelot ; — un quart dessous le Mont ; — une demi-fauchée à Dilaleau ; — trois fauchées à la Pâture.

Signé *François Le Blan jeune.*

A droit ladite fabrique de lever 6 gros par chacun an sur la maison qui est à Jean Ribon. — Une pièce de terre, lieudit entre les deux Bois, était appelée la *Quarte du pain à chanter,* et appartenait à la fabrique.

Outre ces biens, la fabrique possédait quelques capitaux placés à intérêts, et pour l'entretien de la lampe de l'église, des rentes d'huile, savoir :

Trois chopines ou demi-pintes assignées sur un jour et demi de terre lieudit on....., que doivent payer Jean Dognon et les époux Fremy Lallemand.

Une chopine à prendre sur Colot Dognon.

Une autre chopine à prendre sur le terrain où résident Laurent le Gaigneur et sa femme Christophe Lemonnier.

Une pinte d'huile qui se solde sur une pièce de terre à Mauchères, appartenant à Jean Hanry, et autrefois sur un *closel* à Didier François.

Ces rentes, qui s'élevaient ainsi à trois pintes et demie au dix-septième siècle, montèrent à dix chopines, soit cinq pintes ou six litres environ.

Fondations. — La première fondation que nous connaissions à Troyon est celle de messire Richard ou Richier Dognon, vivant chanoine de la cathédrale de Verdun, 36ᵉ prébende, de 1622 à 1638 (1).

« Ledit Dognon a donné un capital de mille francs, dont la rente sera employée annuellement à habiller trois pauvres filles le jour de l'Annonciation ; les jeunes filles doivent être de Troyon, depuis l'âge de sept ans jusqu'à douze ; et a ledit Richier statué que le curé du lieu, le maire et l'aîné de la famille dudit Dognon, nommeront chacun une desdites filles (2). De laquelle fondation il y a contrat entre les mains des héritiers du fondateur, et ce qui est contenu dans une épitaphe à l'église du côté de l'épître et datée de 1617. Et est ladite somme en constitution, tenue par des particuliers de Troyon, lesquels contrat et constitution sont dans le coffre des papiers de l'église (3).

« Le même Dognon a fondé aussi la messe du Saint-Sacrement pour tous les premiers jeudis de chaque mois, ainsi qu'il est parlé *au même épitaphe,* et qu'il a donné une somme de quatre cents francs pour cet effet » (*Procès-verbal de 1706, État du temporel des paroisses*).

Par acte authentique du 30 avril 1635, dressé par Houselot, garde-notes au tabellionnage de Saint-Mihiel, Nicolas de Rouvroy, *drappier* à Rouvrois, et Jeanne Boudot, sa femme, s'engagent solidairement, avec la caution de François Boudot, marchand à Rouvrois, leur beau-père et père, à payer à la fabrique de Troyon, à raison de la fondation faite par le sieur Richard Dognon, pour l'habillement en *estamette blanche* de trois jeunes filles ses plus proches parentes,..... une rente an-

---

(1) Il avait succédé dans ce bénéfice à Richard Dognon, son parent sans doute, décédé le 9 avril 1622.

(2) On trouve dans les comptes de 1623 :
« Payé les habits de trois filles blanches : 67ˡ 7 gros 2 blancs ».

(3) L'argent rapportait alors 7 pour cent.

nuelle de 18 fr. 1 sol 6 deniers qui écherra le 24 avril 1636 etc.
— Il leur avait été prêté une partie des mille francs affectés à cette fondation, laquelle donna lieu plus tard à un procès dont nous ignorons la cause de l'issue.

Mieux inspirés que nous, nos ancêtres comptaient peu sur les prières de leurs héritiers, et s'assuraient prudemment celles de l'Église.

Le détail des très-nombreuses fondations faites en l'église de Troyon dépasserait le but et les limites que nous nous sommes imposés. Aussi, à part les deux suivantes, nous nous bornerons à les énumérer.

Par leurs testaments, l'un du 19 décembre 1624, fait par Jean Gœury, l'autre du 19 avril 1628, de Lucie, sa femme, tous deux de Troyon, ils ont établi ce qui suit, moyennant dons suffisants :

Le premier, qui lègue une rente de 3 fr. 4 gros, veut que le 2 novembre, après le service divin, il soit chanté sur sa tombe par le sieur curé « ou son vicaire », par chacun an, le *Libera nos*, et y réciter le *De profundis*, avec la collecte, moyennant quoi le curé aura 18 blancs, le maître d'école 6 blancs, et le surplus sera le même jour distribué aux pauvres.

Il ordonne en outre que chaque année une messe haute avec vigiles et *Libera* sera chantée dans la semaine anniversaire de sa mort; le curé recevra 18 gros, le maître d'école 4 gros, le marguillier 2 gros, les écoliers du pupitre 4 gros, et les pauvres y assistant 12 gros.

La dame Lucie donne également une rente de 3 fr. 4 gros, moyennant quoi on célébrera à toujours, dans la même semaine que la messe anniversaire de son mari, son propre anniversaire avec *Libera*; le curé recevra 18 gros, le maître d'école 4 gros, le marguillier 2 gros, les écoliers coriaux (choristes) 4 gros, la fabrique 6 gros et les pauvres 6 gros.

Les deux testaments ont été rédigés par Barbelin ou Barbollin Gillon, notaire et garde-notes à Troyon, le premier en présence de messire Nicolas Girouard, et le second de Claude Frizon, tous deux curés de Troyon.

Archives de la fabrique. — Voici les fondations qui existaient en 1772 ; la plupart remontaient au siècle précédent, le plus douloureux de notre histoire régionale.

Les premiers dimanches de chaque mois, la bénédiction du Saint-Sacrement après vêpres; fondation de 1716 par Jeanne Fiot de la Tour, veuve de Joseph Gillon.

Jeanne Fiot a aussi fondé la récitation des litanies de la Vierge et du *De profundis* après les vêpres, les jours de la Purification, de l'Annonciation, de la Nativité et de la Conception.

A dater de 1753 et seulement pour cinquante ans, messe haute du Saint-Sacrement les troisièmes jeudis des six premiers mois de l'année, fondée par Jean Dognon.

De nombreuses messes, hautes ou basses, qu'il serait trop long d'énumérer, avaient été fondées par le même Jean Dognon, par Nicolas Roussel, les curés Georges Toussaint et Claude Frizon, les demoiselles Gillette Frizon et Barbe Leblan, les échevins et le nommé Jean Gœury.

Plus quatre-vingt-un anniversaires, messes de *Requiem* chantées avec vigiles et cinq messes basses annuelles.

Tous les biens qui assuraient l'exécution de ces fondations ont été saisis et vendus par les agents révolutionnaires.

« La plupart de ces anniversaires (1) étant de création fort ancienne, et les rétributions fixées dans les actes se trouvant bien inférieures à celles qui sont réglées par les statuts synodaux, messire Guerrier, curé de Troyon, fut obligé, comme d'autres l'ont fait depuis, d'adresser une requête à Monseigneur, aux fins de percevoir les rétributions de tous lesdits services sur le pied du règlement du diocèse, ou d'en diminuer les charges à proportion de leurs produits; sur laquelle Monseigneur donna son décret en date du 28 mai 1706, portant « permission de réduire certaines fondations déterminées, et pour les autres, de suppléer, sur le revenu de la fabrique, à ce qui manquerait pour la rétribution des fondations faites en ladite église dont les fonds se trouveront trop modiques, pour être payés suivant l'usage et les ordonnances du diocèse, et de l'aveu et consentement des

---

(1) Les messes fondées par messire Nicolas Girouard ne sont pas à la charge de la fabrique, d'autant plus qu'il a légué des terres au curé pour rétribution.

échevins anciens et modernes de la communauté, en présence de M. Rice, commissaire de S. A. R. pour la recherche du temporel des bénéfices ». Ont signé : Nicolas *Fiot*, mayeur, — Maurice *Gillon*, substitut, — Claude *Pasquin* et Pierre *Bouillout*, syndics, — Nicolas *Le Blan* et Jacques *Gillon*, échevins de l'église, — Jean *Gossin*, Claude *Charles*, *Rice*, et *Guerrier*, curé.

Fondations annuelles et perpétuelles faites depuis la Révolution.

5 juillet 1829. — Jean Nicolas Dognon fonde huit messes hautes.

2 juillet 1832. — Nicolas Philippot fonde une messe haute.

17 février 1845. — Siméon Jamin fonde, pour le 18 février, fête de saint Siméon, une service solennel.

24 décembre 1845. — Marie-Anne Jamin fonde six messes basses à l'autel de la Sainte-Vierge.

28 juillet 1853. — Jean-Baptiste Henry fonde une messe haute le 24 juin pour le repos de son âme.

1856. — Joseph Tridon fonde deux messes hautes pour le repos de son âme.

10 janvier 1872. — Anne-Marguerite Leblan, veuve de Jean Lambert, fonde une messe haute avec distribution d'aumônes.

6 octobre 1872. — Fondation par M. le curé et divers de l'octave de la Toussaint, comprenant six messes hautes de *Requiem*. Le sermon sera donné de deux ans en deux ans par un prêtre étranger, si c'est possible.

1882. — Marie Lelorrain, veuve Baudier, fonde à sa mort quatre messes basses pour le repos de son âme et de celle de son mari.

1883. — Joseph Baudier fonde une messe basse.

1883. — Joséphine Monge fonde quatre messes basses.

1894. — Les époux Massonpierre-Dognon fondent douze messes basses.

Dons et souscriptions pour l'église de Troyon. — Voici l'extrait d'un billet sur parchemin trouvé dans l'image (statue) d'argent de saint Martin, appartenant à l'église de Troyon :

« Vénérables messires Jean.... et Jean Godier, chanoines de Verdun et curé de Troyon, ont donné cette image de saint Martin à l'église dudit Troyon l'an 1564, laquelle servira de melchisedech au jour et pour les octaves des fêtes du très-saint et très-digne Sacrement de l'autel (1)... ».

Un inventaire du mobilier en 1643 mentionne cette image « en forme d'euesque », puis une chasuble rouge, une autre chasuble blanche, une aube et un amict, un calice d'argent et la platine de même *métail*, donnés par feu M. Dognon ;

Un graduel et un antiphonaire donnés par le sieur Jean Dognon l'aîné, mayeur, — et un autre graduel par son frère ; — deux missels, et le coffre qui est proche de l'autel Notre-Dame, etc. MM. Dognon sont seuls désignés comme donateurs dans cet inventaire détaillé.

Parmi les dons récents, assez nombreux, nous citerons :

Le chemin de croix, donné en 1842 par Mme veuve Leblan-Lelorrain ; un calice en vermeil, donné en souvenir de M. l'abbé Justin Massonpierre par ses frères et sœurs en 1869 ; et une lampe du Saint-Sacrement, donnée la même année par les familles Baudier-Lelorrain et Goujon-Baudier.

En 1872, M. le curé Énard ouvrit une souscription pour acheter le grand ostensoir ; elle produisit une somme de 2.010 fr. 25, au moyen de laquelle il acheta en outre deux candélabres d'argent doré, et une paire d'appliques en cuivre verni. Les noms des souscripteurs, écrits sur parchemin, sont déposés dans le tube de l'ostensoir, et une messe basse sera dite chaque année aux frais de la fabrique, à l'intention de ces mêmes donateurs, vivants ou morts, tant que l'église de Troyon le possédera.

D'autres souscriptions eurent lieu en 1872, 1884 et 1888, et ont produit 1.746 francs ; cette somme a été employée tant à l'achat d'une bannière de la Vierge qu'à l'embellissement intérieur de l'église.

(1) Il est de tradition que cette statue existait encore à l'époque de la Révolution, — qu'elle fut soustraite au pillage de l'église par M. Jamin, alors maire, — puis vendue plus tard, en 1803, pour se procurer les objets les plus indispensables au culte.

Confréries. — Au milieu des calamités publiques, alors que la guerre, la famine et la peste ravageaient périodiquement le Barrois et la Lorraine, les habitants de Troyon songèrent à se placer sous la protection divine comme il suit :

« Au nom de Dieu et de la Vierge bienheureuse, des saints Roch, saint Isidore et saint Sébastien, l'an de grâce notre Seigneur 1631, le sixième jour de juillet, à la suscitation de diligente personne Pierre Simplicien, augustin du couvent de Verdun, nous, habitans de Troyon dénommés ci-après, avons érigé la Confrérie de la Vierge et des Saints ci-dessus dénommés, afin que Dieu soit de tous plus honoré et que les services divins soient souvent célébrés par M. le curé de Troyon ou son vicaire à l'intention des bons fondateurs de ladite confrérie et de tous leurs associés en icelle ».

Parmi les fondateurs et bienfaiteurs de la nouvelle confrérie nous citerons :

Femme Mengeon (Marguerite) Baux, Barbollin Gillon et Didette le Gaigneur sa femme ; — Laurent le Gaigneur, Mariette sa femme, et leurs enfants Nicolas et Françoise ; — Jean Dognon le jeune, mayeur de Troyon, et Marguerite Guillaume sa femme ; — Claude Gillon, Marie sa femme, et leurs fils Christophe et Laurent ; — Nicolas Gillon et Catherine sa femme ; — Agnès Gillon, femme de Claude Gérard ; — Nicolas Charles et Jean le Grandidier ; — Laurent le Gaigneur, Françoise le Mayeur et Richard le Gaigneur, etc.

Il fut convenu entre messire Frizon, alors curé, administrateur de la confrérie et les confrères, que ceux-ci lui donneront, ou à son vicaire, 9 gros barrois par chacune messe qu'il célébrera dans l'église tous les premiers mardis du mois à l'intention desdits confrères, et pareille somme de 9 gros pour célébrer une messe haute pour chaque confrère qui mourra.

A son entrée dans la confrérie, chaque personne donnait, qui un lopin de terre ou de pré, qui une petite somme d'argent. Avec le temps, ces dons facilitèrent à la confrérie le moyen de suffire largement à toutes les fondations et autres charges.

Tout danger passé, la ferveur se ralentit. Pour la ranimer, M. Guerrier, curé, conçut et exposa, à Mgr l'évêque de Verdun, le projet de remplacer l'ancienne confrérie par une confrérie du Saint-Sacrement, ce qui lui fut octroyé comme il suit :

« Vu la présente requête par nous, Vicaire général de Mgr (Hippolyte de Béthune),... et aussi les statuts mis au bas d'icelle pour servir à l'érection d'une confrérie du Saint-Sacrement dans l'église de Troyon, nous avons, sous le bon plaisir du mondit Seigneur, approuvé tant ladite confrérie que les statuts et règlemens, avons permis l'exposition du Saint-Sacrement durant la messe qui se dira tous les premiers du mois non empêchés, avec la bénédiction à la fin d'icelle et ce, seulement à la condition qu'au moins trente personnes assisteront à la messe, sinon faute de quoi l'exposition ne se fera pas ; en conséquence avons uni l'ancienne confrérie de saint Roch à ladite confrérie du Saint-Sacrement, *sans qu'à raison de ce, les charges et services de l'ancienne confrérie* demeurent éteintes et supprimées. — « Fait à Génicourt, le 8 mai 1704. Avons signé : A. JAPPIN DE LA TOUR, vicaire général ».

La confrérie du Saint-Sacrement fut solennellement établie le dimanche 25 mai suivant; il y eut sermon par le R. P. Léonard de Thésé, lecteur et prédicateur capucin, et le même jour on reçut plusieurs personnes qui tinrent à honneur d'être admises dans cette association.

De 1704 à 1723, *quatre-vingt-dix-huit* confrères des deux sexes dont nous avons les noms se firent inscrire dans les registres de la confrérie. Ce chiffre est considérable à raison de la faible population d'alors.

Voici la liste des services dont la confrérie était chargée à la date du 19 août 1772 :

Les premiers mardis de chaque mois, une messe pour les confrères ; — les premiers jeudis de chaque mois, la messe haute du Saint-Sacrement avec exposition et bénédiction ; — le 20 janvier, l'office de saint Sébastien, avec premières et secondes vêpres ; — le 21, une messe haute pour les confrères défunts ; de même le 17 mai ; — le 28, une messe haute de saint Sébastien ; — le 9 mai, messe haute de la translation de saint Nicolas, avec prose, fondée par Nicolas Gillon ; — le 15, office de saint Isidore, très-honoré par les cultivateurs de la paroisse ; — en août, une messe haute du Saint-Esprit, fondée par Barbelin Gillon ; — le 16, l'office de saint Roch ; — en décembre, une messe haute du Saint-Esprit, fondée par Nicolas Martin ; — plus vingt messes hautes de *Libera* pour anniversaire, avec vigiles, et deux messes basses annuelles pour le repos de l'âme des fondateurs.

Avant 1772, ont été supprimées pour insuffisance de ressources, une messe de saint Sébastien, une de saint Roch et une de saint Isidore, pour les confrères, — l'octave de saint Isidore et trois anniversaires.

En 1791, Nicolas Gerbaux, laboureur à Troyon, tenait à ferme de la confrérie :

Section de Champigneulle. — Trois quarts sur le ruisseau de Wassecourt (1) ; un quart derrière la Barre ; un autre quart au même lieu ; un demi-jour sur le Pâquis ; un demi-jour à la Côte.

Section de la Grand'fin. — Deux demi-jours à Remblonvaux ; un quart à Rûty ; un quart sur la Côte.

Section de Labévaux. — Un quart à l'étang (*sic*) de Linière ; trois quarts au-dessus du Champ-le-Manon ; un quart au même lieu ; un demi-jour à la Raine.

Prés. — Un pré frappant sur le Bru (breuil) ; un petit pré passant au travers du chemin de Sartel ; une demi-fauchée frappant sur la Laie-Husgnier ; un quart au même lieu ; un quart à Barier-Noël ; une demi-fauchée à la Fauchée-Carrée ; un quart et demi le long de Prêle ; un tiers au même lieu ; un petit pré à la contrée des Longs-Varion (variants) ; une demi-fauchée au pré Saron.

Dépouillée de ses biens par la Révolution, la confrérie cessa d'exister. A part les statues de saint Roch et de saint Sébastien (2) qui ornent l'église, et deux messes basses annoncées pour le jour de la fête de ces protecteurs de la paroisse, rien ne rappelle cette confrérie à Troyon. — L'image de saint Isidore a disparu (3).

(1) Nous copions l'orthographe des noms des lieudits sur l'original.
(2) La statue de saint Sébastien, achetée en 1657, coûta 48 fr. 1 gros. Celle de saint Roch, acquise en 1658, coûta 57 fr. 7 gros.
(3) Celle de saint Isidore, acquise en 1661, coûta 40 francs.

Sont établies dans la paroisse de Troyon : l'archiconfrérie du Saint-Cœur de Marie, régulièrement érigée, mais presque délaissée ; — la confrérie du Saint-Rosaire ; — l'œuvre de la Sainte-Enfance et celle de la Propagation de la foi.

CURÉS DE TROYON.

1288. — *Crestiens* (Chrétien) fait un échange avec Thiébaut, comte de Bar.

1400. — *Jean*, sans autre désignation (*Cartulaire de Saint-Maur*).

Jean Choët, chantre et chanoine de la collégiale de la Madeleine de Verdun, fit ensuite partie du chapitre de la cathédrale. Cité dans un acte de 1497 ; décédé en 1518.

Dans la liste des fondations faites avant 1706 dans l'église de Troyon, nous relevons les noms de messires Didier Fisco, Jacques Petry et Nicolas Mageron, que nous supposons avoir été curés de Troyon avant Jean Choët. Dans cette liste en effet, les curés seuls sont qualifiés *messires*.

Jacques ou *Jacob Martin*, décédé en 1536.

Jean Godi, *Godier* ou *Gaudier*, fut en même temps curé de Troyon, de Saint-Amant de Verdun et de Bras (1). Il résigna (2) la cure de Bras en 1557, et les autres en 1562. Chanoine de la cathédrale de Verdun, 1ʳᵉ prébende, dès 1552. C'est lui qui a donné à l'église de Troyon la statuette d'argent massif de saint Martin, dont nous avons parlé page 67. Décédé en 1574.

Antoine Bosse ou *Gosse*, son successeur, décédé en 1600. Cette date, donnée par différents pouillés qui se copient volontiers, est contredite par ce qui suit : « En 1585, grâce est faite à Fremi Lallemand, qui avait tué le curé de Troyon, Antoine Goz, d'un naturel très-querelleur. Cette grâce fut accordée à la charge de 50 francs d'amende et de faire une année de campagne en Hongrie contre le Turc (3) ».

---

(1) Des chanoines possédaient à la fois plusieurs cures où ils se faisaient remplacer par des vicaires ; Jean Godier fut un de ceux-là.

(2) *Résigner*, c'était se démettre d'un bénéfice quelconque, soit d'une manière absolue, soit en faveur d'une autre personne.

(3) Dumont, *Hist. de Saint-Mihiel*, t. III, p. 243.

Nicolas Girouard ou *Girouart*, décédé en 1627. Il a fondé, pour le repos de son âme, quatre anniversaires.

Claude Frizon, a fondé la messe de saint Claude, 6 juin, et un anniversaire avec vigiles (1). Prend le titre de doyen de la chrétienté de Saint-Mihiel. Est inhumé au cimetière de Troyon, le 4 mars 1676.

Il existe, dans le cartulaire de l'abbaye de Saint-Maur de Verdun, un acte de permutation de la cure de Troyon contre celle de Lacroix-sur-Meuse, entre Claude Frizon et le sieur Simon de la Haye, curé de Lacroix. Celui-ci fut nommé curé de Troyon le 13 février 1676, mais d'après les listes des curés de ces deux paroisses, cette permutation n'eut pas lieu, Claude Frizon étant mort peu après.

Il fut remplacé le 22 mars même année par *Georges Toussaint*, décédé le 5 septembre 1698, âgé de soixante-deux ans, et inhumé devant le grand autel. Il fonda deux messes hautes de saint Georges et un double anniversaire à son intention. Messire Toussaint est le premier qui signe les actes de naissances, de mariages et de décès à partir du 10 janvier 1690.

Joseph-Alexandre Guerrier (2) résigne une première fois le 15 janvier 1699, puis en 1721 ; est pourvu d'un canonicat de la cathédrale de Verdun, 14ᵉ prébende, le 24 octobre 1719, par la résignation de Samuel-Paul Thibère. Sa dernière signature comme curé de Troyon est du 29 septembre 1716. Meurt le 21 janvier 1746.

Jean-Baptiste Le Moyne, résigne en 1739 ; pourvu d'un canonicat de la cathédrale de Verdun, 15ᵉ prébende, dès le 14 août 1738. Il ajoute à son nom celui de Durasset ou du Rasset (3) à dater du 8 février 1721. Sa dernière signature est du 19 mars 1739. Décédé le 2 novembre 1747.

Antoine Lefebvre, dont la première signature est du 17 juillet

---

(1) Gillette Frizon, sa sœur, a fondé la messe de la Visitation le 2 juillet, une messe haute de saint Gilles et un anniversaire.

(2) On lit dans un registre du presbytère de Troyon : « En 1702, apparaît *Joseph-Alexis Gabriel* ». Il y a erreur manifeste.

(3) Il était neveu du curé Guerrier et fils de messire François-Edme Le Moyne-Durasset, écuyer, de Dieppe (Meuse).

1739. Son vicaire Morin rédige et signe les actes du 12 juillet au 30 septembre 1757. A partir du 7 septembre 1759, son neveu, Antoine Lefèvre, en faveur de qui il résignera l'année suivante, rédige et signe la plupart des actes à titre de vicaire. Antoine Lefebvre aîné mourut au presbytère de Troyon le 25 décembre 1774, âgé de quatre-vingt-trois ans dix mois et vingt jours, et fut enterré dans le cimetière paroissial.

Antoine Lefebvre, deuxième du nom, avait été vicaire à Rouvrois-sur-Meuse en 1752, et à Rarécourt en 1756. Dans la clôture des registres pour 1784, il s'intitule doyen du décanat de Saint-Mihiel, et bénit en cette qualité l'église d'Ambly en 1789. Il prit comme vicaire Jean-Antoine Lefebvre, son parent, qui signa en cette qualité un acte, le 12 juillet 1790. Antoine Lefebvre cessa toutes fonctions ecclésiastiques et mourut à Troyon, le 28 septembre 1796.

Le 2 février 1791, le curé A. Lefebvre et son vicaire scandalisèrent la paroisse en prêtant le serment schismatique constitutionnel en présence du Conseil général de la commune, composé de Jean-Baptiste-Joseph *Jamin*, maire; Jean-Baptiste *Gillon*, officier municipal; Charles *Villet*, greffier; Joseph *Le Blan*, procureur-syndic; Joseph *Clément*, officier municipal; Sébastien *Georges*, Jean *Gillon*, Jean-Nicolas *Dognon*, Isidore *Le Blan*, Jean-Nicolas *François*, Pierre *Forge*, Jean-Nicolas *Gossin*, et Jean *Le Blan*, notables.

Voici le serment du curé, dont celui du vicaire différa peu : « Je jure de veiller avec soin sur les fidèles de la paroisse qui me sont confiés, d'être fidèle à la Nation, à la Loi et au Roy, de maintenir de tout mon pouvoir la Constitution décrétée par l'Assemblée nationale et acceptée par le Roy » (1). De tout quoi il a été dressé procès-verbal.

Le 6 floréal an II (25 avril 1794), le curé promet de s'abstenir désormais de toutes fonctions pastorales et sacerdotales, et de vivre « en bon et paisible citoyen » sous la surveillance de la municipalité et du conseil révolutionnaire de la commune de Troyon (2).

(1) *Archives municipales* de Troyon.
(2) Il fit cette promesse en même temps que Nicolas *Pâquin* et

Jean-Antoine Lefebvre, son vicaire, avait été élu curé constitutionnel de Woimbey, le 11 janvier 1792.

De 1791 à 1802, le culte catholique orthodoxe fut interdit par la loi. Troyon ne fut pas pour cela privé de tout secours spirituel. A cette époque douloureuse, comme au temps des persécutions, des prêtres courageux, bravant le martyre et munis de pouvoirs spéciaux, évangélisaient les campagnes. De ce nombre fut Dominique *Lenoir*, ancien religieux (1) qui, après avoir prêté le serment schismatique, le rétracta et exerça le saint ministère à Troyon, plus ou moins ostensiblement suivant le plus ou moins de tolérance des décrets relatifs au culte. Lors du danger il trouvait, suivant la tradition locale, une hospitalité mystérieuse et discrète dans la maison de Jean-Baptiste-Joseph Jamin ; l'on y voit encore le cabinet où il recevait en secret les fidèles et le meuble sur lequel il offrait le saint sacrifice. Il s'acquit l'estime et l'affection de ses ouailles adoptives, comme le constate la lettre suivante :

« Troyon, le 11 fructidor an X (29 août 1802) de la République française. Les *maire*, adjoint et membres du conseil municipal de Troyon,

« A Monsieur l'évêque de Nancy : Monsieur, la paroisse de Troyon, ou du moins la majeure partie de ses habitans, ont eu l'honneur de vous adresser, il y a environ six semaines, une pétition qui vous est parvenue, pour obtenir de votre sollicitude qu'elle daignât lui continuer comme pasteur spirituel, dans la nouvelle organisation des cures et dessertes qui s'opère, le citoyen Dominique Lenoir qui, depuis cinq ans qu'il exerce

Louis *Baronville*, de Troyon, vétérans, juraient d'être fidèles à la Nation, de maintenir la liberté et l'égalité, ou de mourir à leur poste en les défendant.

(1) Le R. P. Lenoir, que nous croyons avoir été minime, fut curé *constitutionnel* de Cousances-aux-Bois de 1791 à 1793. Il est encore porté par une liste de prêtres assermentés, datée de 1797, comme habitant Verdun.

N'ayant pas obtenu la cure de Troyon, il fut nommé à celle de Broussey-en-Blois, doyenné de Void, le 1er pluviôse an XI (21 janvier 1803) ; c'est dans cette paroisse qu'il est mort le 14 janvier 1824, âgé de 88 ans, laissant la réputation « d'ancien religieux très-édifiant ».

exactement dans son église les fonctions du saint ministère, nous a mis à même d'éprouver et de connaître sa moralité et ses talens, ce qui lui a mérité notre juste confiance, notre estime et le désir de le conserver ; il n'a déplacé aucun prêtre, ayant succédé au dernier curé titulaire décédé; ainsi il mérite d'obtenir la préférence que lui ont acquise et son dévouement à la paroisse et les fonctions qu'il a eu à exercer à notre satisfaction. C'est pour lui en donner un double témoignage, et à vous, Monsieur, un double motif de nous l'accorder en votre équité pour pasteur, que nous confirmons la présente à un évêque respectable, droit et éclairé, nous fait espérer un résultat satisfaisant qui activera et redoublera nos vœux pour la prospérité de votre pontificat et la durée de vos jours. Nous avons l'honneur de vous saluer respectueusement ».

Signé : L. *Georges*, Nicolas *Massonpierre*, *Dion*, *Villette*, adjoint, *Dognon* l'aîné, André *Picquart*, *Burlin*, Isidore *Leblan*, Jacques *Leblan*, J.-N. *Gossin*, *Gillon*, maître de poste ; un nom illisible.

Contrairement à l'en-tête de cette lettre, le maire, Joseph Leblan, n'y prit aucune part. Il était très-hostile à D. Lenoir, car dans une lettre particulière datée du 15 messidor précédent (4 juillet 1802), après l'envoi de la pétition dont il est parlé et que nous ne donnons pas, il prie instamment Mgr de Nancy de ne pas le nommer à Troyon, lui désignant comme pouvant convenir le citoyen Rouvrois, « homme connu dans le pays » (*Arch. de l'évêché de Verdun*).

Sans tenir compte de ces sollicitations, Mgr nomma :

Remi Varin, né à Loisey le 16 octobre 1765, de Pierre Varin, marchand, et de Magdelaine Petitjean, ordonné prêtre pendant la Révolution. Comme curé de Troyon, il prêta serment en ces termes, à la sous-préfecture de Commercy, le 5 ventôse an XII (24 février 1803) :

« Je jure et promets à Dieu, sur les *saintes* évangiles, de garder obéissance au gouvernement établi par la constitution de la République; je promets aussi de n'avoir aucune intelligence, de n'assister à aucun conseil, de n'entretenir aucune ligue, soit au dedans soit au dehors, qui soit contraire à la tranquillité publique ; et si dans ce diocèse, j'apprends qu'il se trame quelque chose au préjudice de l'État, je le ferai savoir au Gouvernement ».

Ce serment, cette fois licite, était prescrit en conformité d'une convention faite entre le pape Pie VII et le Gouvernement français le 9 messidor an IX (28 juillet 1801), et par la loi du 18 germinal an X (8 avril 1802).

« Lors de la Révolution, M. Varin n'avait aucune fonction publique (1) et n'était dès lors assujetti à aucun serment ; aussi n'en a-t-on jamais exigé de lui... Prévenu qu'on projetait contre lui un mandat d'arrêt quoique ce mandat n'eût aucun prétexte... ayant appris qu'on venait de faire un exploit de perquisition de sa personne chez son père,... craignant toutes les violences que d'autres ont *éprouvé*, il a été forcé de chercher ailleurs un asile contre les maux qui le menaçaient; il a évité par là les supplices qui ont fait tant de victimes à Rochefort (2)... ».

Il partit en Allemagne et fut inscrit sur la liste des émigrés. Il se réfugia à Ellingen, et, jusqu'à son retour en 1800, il s'occupa constamment d'objets relatifs aux sciences et à l'éducation (3). Quand la persécution religieuse eut pris fin, il revint en France muni d'un certificat délivré le 23 juillet 1800, par Kleiner, grand-justicier d'Ellingen, qui constate sa conduite irréprochable, etc. Son vieux père avait adressé à M. le Préfet de la Meuse, en faveur de son fils, la demande de radiation dont nous avons donné ci-dessus un extrait.

Au rétablissement du culte, l'abbé Varin habitait Bar-le-Duc; une liste le mentionne au nombre des prêtres restés fidèles, et le désigne « propre à l'enseignement de la théologie » (4).

(1) M. l'abbé Comus, de Ligny, mentionne cependant l'abbé Remi Varin comme ayant fait les fonctions de vicaire à la paroisse Saint-Étienne de Bar-le-Duc en 1790 (*Collections* Robinet).

(2) Extrait de la demande de radiation de la liste des émigrés en faveur de Remi Varin, prêtre, du 19 prairial an VIII (8 juin 1800).

(3) Certificat du grand-justicier d'Ellingen, 23 juillet 1800.

(4) Communication de M. l'abbé Gillant, curé d'Auzéville.

Le 12 janvier 1814, M. Varin quitta Troyon où son souvenir vit encore, pour la cure décanale de Ligny.

Au rétablissement de l'évêché de Verdun en 1823, Mgr d'Arbou le choisit pour son premier vicaire général titulaire, le 8 août de cette année. Il garda ces fonctions jusqu'en 1837 (1), et resta jusqu'à sa mort vicaire général honoraire.

M. Remi Varin, nommé chanoine titulaire à la 8e prébende canoniale le 14 octobre 1835, succéda à M. l'abbé Maillard de Landreville, ancien aumônier de régiment; il prit possession du canonicat vacant et fut installé le 7 décembre 1835.

Il mourut à Verdun le 19 décembre 1856.

Joseph Falloy, son successeur à Troyon, originaire de Velaines-sous-Amance (Meurthe-et-Moselle), décéda en cette paroisse le 19 avril 1827, âgé de trente-sept ans.

Jean Garot, né à Bonzée, nommé en 1827, transféré à Jonville en 1846; décédé dans son pays natal le 30 octobre 1881, âgé de quatre-vingt-six ans.

François Vaucois, de Verdun, installé le 1er octobre 1846, doyen de Triaucourt depuis 1870 (2).

Émile Énard, de Villotte-devant-Saint-Mihiel, installé le 1er juillet 1870, doyen de Gondrecourt en 1881, archiprêtre de Commercy depuis 1888.

Remy Longeaux, de Bar-le-Duc, curé actuel de Troyon, installé le 24 avril 1881.

---

(1) Mgr Letourneur, nommé évêque de Verdun, choisit pour ses vicaires généraux MM. Huart, archiprêtre de Montmédy, et Didiot, doyen de Saint-Mihiel, mort évêque de Bayeux le 15 juin 1866.

(2) *1er juillet 1870*. Extrait du procès-verbal d'installation de M. l'abbé Énard :

« Avant de se séparer, les membres du conseil de fabrique ont décidé de consigner dans le présent registre l'expression de la reconnaissance qu'ils gardent à M. Vaucois, ancien curé, pour la bonne gestion des intérêts de la fabrique et l'attestation des regrets que son départ cause à toute la paroisse.

« Ces quelques lignes seront aux yeux de la postérité le témoignage du zèle avec lequel M. Vaucois a administré la paroisse de Troyon pendant vingt-quatre ans et du bien qu'il y a fait ».

HISTOIRE.

Décimateurs et censiers. — Il ne faut pas confondre ces deux sortes de personnes.

Le *décimateur* prélevait chaque année une portion nommée *dîme* sur les produits du sol et le croît des animaux.

Il y avait la grosse et la menue dîme.

La grosse dîme portait sur les céréales et les prairies; la menue dîme sur tout le reste.

Le *censier* touchait un *cens* annuel en argent ou en nature des personnes auxquelles il avait accordé soit à bail, soit à perpétuité, la jouissance de certains immeubles. Si l'immeuble changeait de main, avec l'agrément du censier, la redevance était due par le nouvel usufruitier. Le cens, toujours modique comme nous le verrons, n'était guère qu'une marque de souveraineté que se réservait le seigneur sur les biens relevant de sa seigneurie.

« Au dix-septième siècle, les grands seigneurs désertèrent leurs châteaux pour la cour ou la guerre, abandonnant leurs terres et même leurs droits seigneuriaux à des admodiateurs ou fermiers. Ce fut une grande faute de la noblesse. Ces fermiers, gens de passage, tranchèrent du haut personnage vis-à-vis d'habitants hier leurs égaux; n'ayant aucun intérêt à ménager, leur seul but fut de faire rendre au domaine tout ce qu'il pouvait produire. Ce système ne contribua pas peu à aliéner aux gentilshommes l'esprit de leurs vassaux, qui ne virent plus dans leurs seigneurs les protecteurs nés du pays ».

A Troyon, les seuls décimateurs étaient le curé de la paroisse et les chanoines de Sainte-Croix de Verdun (1). Suivant une

---

(1) Voici à quel titre ces chanoines dîmaient à Troyon. De temps immémorial, ainsi que nous l'avons dit, la cure appartenait, ainsi que les dîmes, au couvent de Saint-Maur. La collégiale de Sainte-Croix, fondée par l'évêque Heimon au onzième siècle, fut bientôt ruinée et ses membres dispersés. En 1126, Henri Ier dit de Winchester, l'un des successeurs d'Heimon, annexa cette communauté à celle de Saint-Maur,

déclaration du curé Guerrier de 1708, il partageait alors les dîmes par moitié avec les chanoines.

Ils avaient, pour déposer leurs récoltes, un bâtiment commun appelé la *Grange aux dîmes*. Transformée depuis en maison d'habitation, elle était située en face du portail de l'église, et séparée du cimetière par une ruelle. Elle était chargée d'une rente annuelle de six gros au profit du curé.

Cette grange fut vendue en mai 1791, comme propriété nationale, à *Claude Baillot*, notaire à Villotte-devant-Saint-Mihiel, et à *Jean-Claude Guyot*, laboureur à Pierrefitte, pour la somme de 1.750" (1). Ils la cédèrent le 30 juillet suivant pour 1.200" à Isidore Le Blan, juge de paix du canton de Lacroix, Joseph Clément et Joseph Le Blan jeune, tous de Troyon. Le premier prit la moitié située vers le sud, et la revendit à Jean-Baptiste Roussel, du même lieu, le 10 novembre 1791.

Il existait au nord du presbytère, de l'autre côté de la rue, une autre *Grange aux dîmes*. Elle a dû appartenir, soit aux Bénédictins de Saint-Mihiel, soit aux anciens seigneurs de Lisle-les-Troyon. Comme la première, elle est occupée par des logements particuliers.

Nous lisons, dans un acte dont nous ignorons la date, la mention assez ambiguë qui suit :

« Les comptes rendus par la prévôté de la châtellenie de Troyon, exerçant dans le xive et au commencement du xve siècle, relatent que le village de Troyon était tenu de payer à la caisse des préposés du domaine ducal des droits de garde sur les feux et des redevances en froment; que Champion, maire de Lisle et autres en cette mairie s'y libéraient des taxes des porchets (?),

qui lui concéda, entre autres revenus, pour la faire vivre, les *deux tiers* des dîmes de Troyon.

C'est donc à tort que M. Dumont, dans son *Histoire de Saint-Mihiel*, tome Ier, page 138, dit qu'en 1399, l'abbaye de Saint-Mihiel possédait à Troyon les *deux tiers* des dîmes, — trente-deux poules pour ascensement d'un pré de seize fauchées, — quatorze autres et deux chapons sur d'autres biens, — huit fauchées de pré, — le moulin et ses dépendances avec le breuil et autres prés. — A propos des dîmes, il a pu confondre Heudicourt ou Trognon avec Troyon.

(1) *Archives départementales de la Meuse.*

de rentes appelées menues debtes de porchets, d'assises en raison de la possession de chevaux, des droits de garde, des redevances de *soile* (seigle) » (*Communication de M. Maxe-Werly*).

Voici, extrait d'un procès-verbal du 28 décembre 1706, signé du curé, des officiers municipaux et des principaux habitants, comment et quoi l'on dîmait alors à Troyon :

« La dîme se paie partout à l'onzième.

« S'il y a des gerbes restantes au nombre de huit au moins, on n'en doit point ; s'il en reste neuf ou dix, on en doit une, duquel usage il y a une transaction entre les décimateurs et les habitans ; comme aussi dans les petits champs où il y a peu de gerbes, on ne peut les enlever sans laisser la dîme sans recompter ailleurs, ce qui se fait à proportion. Bien entendu qu'au dîme ordinaire on ne peut faire de gerbes plus grosses les unes que les autres : ceux qui en feraient seraient répréhensibles.

« La même dîme se paie sur les légumes aux champs : ceux qui se lient à la gerbe, les autres à la verge. L'on dîme aussi les navettes, même celles d'été, à la maison et à l'onzième ; ceux qui fraudent sont répréhensibles ; comme aussi le chanvre mâle et femelle à la chènevière et l'on doit avertir le décimateur ; le lin de même ; l'on dîme le *tabac* en l'onzième rangée que le décimateur cueille ; l'on dîme aussi les prés à la verge étant fauchés ; il y a quelques contrées et cantons qui sont exempts de payer cette dîme, de même que quelques prés particuliers.

« Il y a deux petites contrées, l'une appelée sous le Mont, et l'autre dans celle de Sartelle, où la dîme appartient au curé de Ranzières.

« L'on dîme les dindons, oisons, canards et poulets ; on les paie en espèce lorsqu'il y a nombre suffisant, sinon on s'accommode, ce qui se pratique lorsqu'ils quittent celle qui les conduit ; quoiqu'on les vende on en doit la dîme.

« La dîme des cochons de lait, âgés de trois semaines, appartient au curé seul ; lorsque la litée (portée) n'est pas complète pour la dîme, on précompte pour payer sur la suivante, et au cas où il n'y aurait que cette litée, elle sera appréciée pour payer la dîme, et pour qu'il n'y ait pas de fraude, on avertit le décimateur de la quantité de cochons de lait de chaque litée. Le curé fournit le porc mâle. L'on dîme aussi les agneaux au jour du vendredi saint : ceux qui viennent après ne doivent pas dîme; le propriétaire en sépare deux de chaque fois onze, le décimateur choisit dans le reste en comptant néanmoins ceux qui sont séparés; après la dîme payée, s'il en reste et s'il n'y a pas nombre, on les apprécie et l'on paie la dîme de l'appréciation; le propriétaire apprécie, et le décimateur peut prendre ou laisser; s'il accepte, il rend le surplus du prix; s'il abandonne, le propriétaire lui paie la dîme du prix. L'on paie aussi la dîme de la laine des brebis et moutons, et non des agneaux, au poids et à la livre. Les décimateurs fournissent les béliers.

« La grosse dîme doit payer un préciput de cinquante-six franchards de seigle au Chapitre de la cathédrale de Verdun, de trois ans à autre, lorsque la contrée de Champigneulle est en *voyen* (ensemencée en blé ou seigle). Elle est aussi chargée de deux poules envers les seigneurs.

« Il est dû aussi à la fabrique de l'église annuellement un franc sur la grosse dîme (1) ».

D'une déclaration du curé Guerrier, de 1708, nous extrayons ce qui suit comme complétant la précédente.

« La communauté de Troyon doit annuellement à S. A. Royale (le duc de Lorraine) cent cinquante-trois francs pour la taille (2) dite de Saint-Remy, les feux et les guets. Chaque habitant doit un bichet d'avoine savoir : la moitié à S. A. R., et l'autre moitié à M. Barrois de Saint-Remy et M. d'Amblemont d'Hannonville (à cette époque seigneurs de Troyon sous la

---

(1) *Arch. de Meurthe-et-Moselle*, B. 295, *Doyenné de Saint-Mihiel*, p. 41.

(2) La *taille* fut d'abord un impôt arbitraire que le seigneur prélevait sur ses serfs comme et quand bon lui semblait. Il en était ainsi de la *corvée* ou travail à son profit. Longtemps le serf fut *taillable et corvéable à merci* ou à la volonté du seigneur ; mais les coutumes et les chartes d'affranchissement transformèrent ces charges abusives en redevances fixes de temps et d'argent acceptées de part et d'autres.

suzeraineté du duc de Lorraine), et plusieurs menus cens, tant en deniers, grains que volailles, dus à S. A. et à MM. d'Amblemont et Barrois par plusieurs particuliers détenteurs d'héritages. Toutes les amendes généralement quelconques appartiennent au domaine de S. A. Royale.

« La mesure ordinaire est celle de Saint-Mihiel...

« Total de la subvention et autres impositions suivant la feuille de 1707 : dix-sept cent dix-huit livres » (*Arch. de Meurthe-et-Moselle*, B. 11726).

Les seigneurs de Troyon avaient le droit de faire paître neuf bœufs dans la prairie du 23 avril au 24 juin de chaque année. La communauté racheta ce droit moyennant une redevance que payaient, à proportion de ce qu'ils possédaient, les propriétaires des prés affranchis. Cette redevance était de quarante-neuf boisseaux du plus beau blé, mesure de Bar-le-Duc, et se répartissait ainsi : au curé de Troyon : 16 boisseaux ; — au domaine : 6 boisseaux ; — au seigneur de Lisle-les-Troyon, 27 boisseaux.

Cette redevance n'ayant pas été payée depuis quatre ans, le curé Antoine Lefebvre, François Brion, fermier du domaine, et Gillon, maître de la poste aux chevaux, fermier du seigneur de Lisle, adressèrent, le 18 août 1772, une supplique à M. l'intendant de Lorraine et Barrois pour que la communauté de Troyon fût obligée de payer ladite redevance, plus une somme de 292# de France pour les années en retard. Elle fut contrainte, par exploit de l'huissier Hullion, de Saint-Mihiel, à s'exécuter dans les vingt-quatre heures.

Par un arrêt du Conseil du Roi (1) en date du 6 juin 1776, une indemnité de soixante-six livres est imposée sur la prairie dite *Au-delà de l'eau* (Diléleau) pour suppression du droit de pâture et de chasse de six bœufs dans cette prairie contenant cent vingt-cinq fauchées. Chaque propriétaire de pré paiera 10 sols 9 deniers par fauchée, et les 66# seront partagées comme suit : un sixième au domaine du Roi et les cinq sixièmes au seigneur de Lisle, qui était alors M. Viénot.

(1) La Lorraine et le Barrois venaient d'être réunis à la France.

Lisle-les-Troyon. — Le fief de Lisle ou de l'Isle est fort ancien. Nous le trouvons mentionné pour la première fois dans un document de 1330.

Situé à gauche de la Meuse vers Woimbey, au lieu encore appelé Lisle, ce fief comprenait une maison-forte, son pourpris ou enceinte, plus un moulin, le tout déjà détruit au seizième siècle, — une quinzaine d'hectares de prairie, un petit domaine tout proche nommé la Grange-aux-Champs, une portion de rivière, des terres labourables, enfin des maisons, des hommes et des femmes de corps à Troyon, où fut fixé le siège de la seigneurie après la disparition du manoir.

En 1330, Érard de Vauquelour (Vaucouleurs) vend à Édouard, comte de Bar, le fief de Lisle, avec tout ce qu'il possède à Pécourt (1) et à Troyon.

En 1332, Alexandre de Creuë, chevalier, reconnaît tenir en fief, du même comte de Bar, la Grange-aux-Champs, Troyon et Wassecourt (2).

En 1456, Jacques ou Jacquet d'Apremont, seigneur de Remenoncourt et de la forteresse de Marchéville-en-Woëvre, avoue tenir à hommage de René Ier, duc d'Anjou et de Lorraine, la seigneurie de Lisle, sise *en la ville, ban et finage de Troyon et Jossecourt*. Cette rédaction semble indiquer que Jossecourt et la maison-forte de Lisle n'existaient plus, — que leur territoire était réuni à celui de Troyon, — et que la seigneurie de Lisle y était transportée.

L'année suivante, le même Jacques d'Apremont réitère cet hommage que nous donnons plus loin en entier (*Voir aux Pièces justificatives*).

En 1534, Philippe de Nouroy, seigneur de Génicourt-sur-Meuse, confesse tenir par manière d'usufruit, à cause de sa feue épouse, dame Nicole d'Apremont, « le siège (emplacement)

---

(1) *Pelcourt* ou *Pécourt* était un petit domaine situé entre Lisle et Troyon au lieu dénommé la *Haie Champ-Pécourt*, et par corruption la *Haie Chan* ou *Jean Pécourt*. Pelcourt se prononçait *Pécourt*, comme Belfort, *Béfort*, Belrain, *Bérain*, etc.

(2) Villages détruits. *Wassecourt* est réuni à Ambly et Jossecourt à Troyon.

de la maison de Lisle-devant-Jossecourt, du moulin qui était devant icelle d'ancienneté, et la grange (1) dite la Grange-aux-Champs, appartenant à ladite maison ; laquelle maison il m'est loisible de faire réédifier, mettre en état, refaire et relever comme elle étoit du passé » (*Voir aux Pièces justificatives*).

En 1595, Lisle-les-Troyon appartient à Jean Rutant, fils d'un marchand de Saint-Mihiel, anobli par le duc de Lorraine pour services rendus, le 25 avril 1590. D'avocat, il devint lieutenant au bailliage de cette ville, et fut après son anoblissement seigneur de Maizey, Savonnières-en-Woëvre, Troyon, Gerbeuville (aujourd'hui Spada) et Maizeray.

De 1595 à 1700, nous perdons de vue le fief de Lisle, dont la seigneurie se confond avec celle de Troyon.

Le 23 avril 1700, messire François Barrois (2), chevalier, conseiller d'État, maître des requêtes ordinaires de l'hôtel, envoyé du duc Léopold en cour de France, s'intitule seigneur de Troyon et de Saint-Remy.

Aux Archives nationales, série Q, carton n° 748, se trouve une requête de François Barrois, datée de 1713, au sujet de la haute, moyenne et basse justices de Troyon, qui venaient de lui être accordées avec le droit de faire ériger un signe patibulaire.

En 1709, François de Bloise d'Amblemont (3) connaît, confesse et avoue, dans un dénombrement, qu'il possède du chef de sa mère, la moitié de la seigneurie de Lisle et le quart de celle de Troyon (*Voir aux Pièces justificatives*).

---

(1) On nommait jadis grange, *grangia*, une sorte d'hôtellerie tenue par des religieux, où les pèlerins et autres voyageurs étaient accueillis (*M. Gaudé*).

(2) *François Barrois*, l'un des hommes les plus distingués du règne de Léopold, naquit à Saint-Mihiel en 1642, et y mourut le 24 août 1726, dans la Grand'maison du Roi. Il était petit-fils de François Barrois, anobli le 20 mars 1596.

(3) *François-Joseph*, son fils, chambellan du duc de Lorraine, obtint, le 20 octobre 1720, l'érection d'Hannonville-sous-les-Côtes en comté. Comme son père, il fut seigneur de Lisle en partie (Bonnabelle, *Notes sur Lacroix-sur-Meuse*, p. 5).

En 1764, noble Jacques Viénot (1), avocat à la Cour souveraine de Lorraine et Barrois, déclare avoir acquis la moitié de la seigneurie de Lisle de dame Marguerite-Françoise de Barrois, douairière de messire Louis, comte de Bourcier, baron de Monthureux, par contrat du 5 mai 1751, — et l'autre moitié de messire Mathias, comte d'Alençon, chevalier, seigneur de Lacroix, Saudrupt et autres lieux, par un second contrat du 17 décembre 1757. Ces dates, relevées sur les actes mêmes, diffèrent de celles que donne M. Dumont dans son *Nobiliaire de Saint-Mihiel* (*Voir aux Pièces justificatives*).

Marie-Élisabeth-Françoise, fille aînée de Jacques-François Viénot, épousa à Saint-Mihiel, le 4 février 1755, Jean-Georges de Rouyn (2), chevalier, seigneur en partie de Rombas, — septième enfant de Jean-Georges de Rouyn, seigneur de la Malmaison.

Leur fils, Nicolas-Antoine, né le 22 février 1759, fut seigneur de Lisle-les-Troyon; il décéda le 15 janvier 1811, ayant épousé Suzanne-Charlotte de Faillonnet de Saint-Baussant (Dumont, *Nobiliaire de Saint-Mihiel*, t. II, p. 432).

Les habitants de Troyon avaient obtenu, dès avant 1700, sans doute à titre d'ascensement perpétuel, la jouissance d'une partie au moins des prés de Lisle, moyennant un cens ou redevance annuelle de quatre-vingts bichets d'avoine, mesure de Saint-Mihiel, qu'ils reconnaissent devoir et promettent payer au sieur de Rouyn, à la Saint-Martin d'hiver; désirant s'affranchir de cette redevance féodale qui avait survécu à la Révolution à cause de sa nature même, ils s'offrirent de la racheter, ce que M. de Rouyn accepta.

---

(1) Il fut anobli par le duc Léopold le 4 décembre 1724. Il se qualifie de seigneur de Bellefontaine et plus tard de Lisle-les-Troyon. La partie de ce fief qu'il acquit de Mme de Monthureux fut payé 10.540^{tt}.

(2) Suivant des mémoires fournis à dom Pelletier pour son *Nobiliaire*, la famille Drouin, dite de Rouyn, est originaire de Bourgogne où, dès 1420, elle était reconnue noble, ce qu'attestent d'ailleurs les lettres patentes du duc Antoine de Lorraine, datées du 19 septembre 1539, en faveur de Jacques Drouin, auditeur de la Chambre des Comptes de Bar (Dumont, *Nobiliaire*).

Et le 16 mai 1811, le Préfet de la Meuse, comte de l'Empire, prit l'arrêté suivant :

« Vu la déclaration de M. de Rouyn, par laquelle il consent d'accepter le rachat par la commune de Troyon de la redevance de quatre-vingts bichets d'avoine, ancienne mesure de Saint-Mihiel, que cette commune lui doit ; — « Arrête que le montant de la somme dont il s'agit demeure fixé à 2.630 francs, et la portion d'arrérages depuis le 11 novembre 1810 jusqu'au 11 juin 1811, sept mois, à la somme de 49 fr. 09, déduction faite du cinquième pour la retenue autorisée par les lois du 1er décembre. Fait à Bar-sur-Ornain, le 16 mars 1811. — Signé : LECLÈRE ».

M. de Rouyn étant décédé le 15 janvier précédent, quittance de cette somme fut donnée par sa veuve en ces termes : « Je soussignée Suzanne-Charlotte de Faillonnet, veuve de feu Nicolas-Antoine de Rouyn, de son vivant propriétaire à Saint-Mihiel, reconnais avoir reçu de M. Moullad, maire de la commune de Troyon, la somme de 2.679 fr. 09, ladite somme pour le rachat d'une redevance de quatre-vingts bichets d'avoine qui était due audit sieur M. de Rouyn, *résultant d'une transaction sur procès* du mois d'août 1807, et dont le sieur de Rouyn était propriétaire. A Saint-Mihiel, le 5 juin 1811. Signé : S.-C. DE FAILLONNET » (*Archives communales*).

Ainsi disparut le fief de Lisle-les-Troyon, dont l'origine nous est inconnue.

Y compris le Grand-Tarson et la Grange-aux-Champs, séparés de la maison-forte par la rivière, le domaine primitif de Lisle avait une superficie agglomérée de neuf hectares quatre-vingt-six ares quinze centiares environ.

Période révolutionnaire. — Sous les titres précédents, nous avons placé ce qui, dans cette période et depuis, concernait la matière spéciale de chacun d'eux. Aussi nous reste-t-il fort peu à dire.

Comme don de joyeux avènement, l'Assemblée nationale, par décret du 6 octobre 1789, imposa une contribution patriotique qui produisit à Troyon la somme de 1.397" 3 sols. La liste, close le 2 janvier 1790, porte comme plus imposés ou plus généreux : Jean-Antoine Lefebvre, curé, qui verse 450"; — Isidore Le Blan, 100"; — Jean-Baptiste Gillon, 100"; — Jean Gossin, 50"; — Joseph Le Blan, 24"; — André Picquart, marchand, 24".

En 1791, on fit le recensement des propriétaires. Ils étaient 114, dont 77 habitant Troyon et 37 forains, sans compter ceux dont les biens étaient confisqués, au nombre de onze.

Voici ce que devinrent ces biens dits *nationaux*, vendus de 1791 à 1794 :

1° Le moulin de Troyon, avec ses aisances et dépendances, appartenant aux Bénédictins de Saint-Mihiel, fut acheté par un sieur Guillaume, de Naives, pour la somme de 10.000 francs (1); — 2° Dix fauchées trois quarts de prés, appartenant aux mêmes, furent adjugés au sieur Isidore Le Blan, de Troyon, pour 12.200"; — 3° Quatre fauchées moins un sixième de pré, provenant des mêmes Bénédictins, furent acquises par Jean Garot, de Fresnes-en-Woëvre, moyennant 2.200"; — 4° Cinq fauchées de pré (2), provenant des Minimes de Marchéville, furent adjugées à Isidore Le Blan, de Troyon, qui les tenait à bail, pour la somme de 3.250"; — 5° Un gagnage, sans autre désignation, appartenant au Chapitre de Saint-Mihiel, fut acquis par le même pour la somme de 4.475"; — 6° Un autre gagnage, situé sur les bans de Troyon, Tilly, Bouquemont et Woimbey, appartenant à la cure (le bouverot), fut adjugé, au sieur Charles Aubry, de Troyon, pour la somme de 15.100"; — 7° La Grange dîmeresse (Voir p. 86); — 8° Un gagnage situé sur les finages de Troyon et de Ranzières, appartenant à la cathédrale de Verdun, fut acquis par Dominique Le Blan de Troyon, pour 3.025"; — 9° Quatre fauchées de pré environ,

---

(1) Ce moulin, dont nous n'avons pas parlé à raison de son peu d'importance, fut possédé ensuite successivement par MM. *Bureau*, *Jean Baudier*, docteur *François*, qui le mit *à l'anglaise*, *Tridon* et *Boulanger* père et fils. Tous l'exploitèrent, excepté le sieur Baudier qui le laissait à bail.

(2) Ces prés, situés sur les finages de Troyon et d'Ambly, étaient loués 120 francs par an.

situées lieudit à Dilaleau, finage de Troyon, appartenant aux Minimes de Saint-Mihiel (1), furent adjugées à Joseph Le Blan, de Troyon, moyennant 1.300ᶠ; — 10° Un gagnage, appartenant au domaine, fut acquis par un sieur Nicolas Rouvrois, de Nonsard, pour 22.400ᶠ; ce gagnage comprenait vingt-six jours simples (2) au ban de Troyon, et neuf fauchées de pré sises à Troyon et à Woimbey; — 11° Un autre gagnage, appartenant à la fabrique de l'église, et dont le revenu servait à l'acquit des fondations pieuses, fut adjugé au sieur Pierre-Joseph Migevant, accusateur public au tribunal criminel de la Meuse (3), pour la somme de 28.700ᶠ; — 12° Le 24 messidor an II (12 juillet 1794) furent vendus en trois lots les immeubles appartenant à la confrérie du Saint-Sacrement, et dont le revenu était appliqué aux services pour les donateurs et les membres défunts, au sieur Jeannin, de Saint-Mihiel, pour la somme totale de 15.900ᶠ; ce gagnage comprenait six jours un quart de terres, sept fauchées de pré environ, et le pâturage du *De profundis*; — 12° Enfin, un pré de 4 ares 5 centiares ou 15 verges environ, formant dans la rivière de Meuse une petite île dite *l'Ilotte*, provenant de l'évêché de Verdun, fut vendu à Isidore Jourdain, de Ranzières, pour 1.350 fr. — Tous ces renseignements officiels ont été puisés dans les archives du département de la Meuse.

L'administration républicaine évita, pour effectuer la vente des biens nationaux, une précipitation qui eût été désastreuse. Mais le papier-monnaie (assignats) créé pour remplacer le numéraire absent, se déprécia de telle sorte que l'assignat de cent francs finit par valoir cinq francs et moins encore. Les acquéreurs soldèrent, pour la plupart, leurs acquisitions avec ce papier déprécié, et ce qui vint de la flûte s'en retourna au tambour.

(1) Les Minimes de Saint-Thiébaut de Saint-Mihiel possédaient, à la fin du XVIIᵉ siècle, une ferme et trois fauchées et demie de pré à Troyon (Dumont, *Hist. de Saint-Mihiel*, t. III, p. 15).

(2) Le *jour simple* est le jour courant, sans garantie de contenance; il ne vaut guère à Troyon que 27 à 28 ares en moyenne.

(3) Plus tard, ce magistrat de hasard, ridiculement accoutré, reprit tranquillement ses anciennes fonctions d'huissier à Bar-le-Duc.

Éphémérides. — Nous classons sous ce titre quelques faits épars qui n'ont pu trouver place dans ce qui précède, et qui intéressent la communauté de Troyon.

xie siècle. — La comtesse Sophie, héritière du comté de Bar, fit construire à Saint-Mihiel un château-fort pour protéger la ville et son abbaye..... En temps ordinaire il était gardé par les habitants; les communautés de Chauvoncourt, Menonville, Fresnes-au-Mont, des Paroches, Dompcevrin, Ambly, *Troyon* et Lacroix étaient tenues de faire le guet en temps de guerre. Mais en 1565, toutes ces communautés s'affranchirent de cette obligation en payant une redevance plus ou moins forte (Bonnabelle, *Notice sur Saint-Mihiel*).

1200. — Le pape Innocent III prévient par une bulle le comte de Bar Thiébault Ier, qu'ayant pris sous sa protection spéciale l'abbaye de Saint-Mihiel, il ait à laisser jouir paisiblement les religieux du revenu des biens qu'il énumère, notamment de l'alleu de *Troïum* (Troyon), qu'ils ont acquis des frères Ponce et Hugo, chevaliers, avec la pleine approbation des héritiers de ceux-ci (*Mém. de la Société des Lettres de Bar-le-Duc*, 1875, p. 250).

1216. — Robert de Grandpré, évêque de Verdun, consent que deux femmes qui lui appartiennent, savoir : Ada et Béceline, filles de Renaut, de Bannoncourt, contractent un légitime mariage avec Gérard et Philippe, de *Troyon*, qui appartiennent à l'abbaye de Saint-Mihiel, dont Drogon est abbé, à la condition que les enfants qui naîtraient de ces mariages seraient partagés selon les règles de l'équité entre l'évêché et l'abbaye. Cette concession est datée du 24 juillet 1216.

1288. — Chrétien, curé de *Troyon*, autorisé par Ida, abbesse de Saint-Maur de Verdun, échange avec Thibault II, comte de Bar, « à ses hoirs et à tousiours », toute la justice temporelle qu'il a et peut avoir, ainsi que ses successeurs, en ladite ville de Troyon, et « en récompense dou don et de l'eschange ledit cuens (comte) ai donnée et eschangié à toujours » aux curés dudit lieu, « un muy de froment et vingt-cinq sols..... chascun an à la Sainct-Remis ». L'acte est du dimanche après la Trinité (*Arch. de Meurthe-et-Moselle*, B. 309, f° 150, verso).

1302. — Colin d'Ambly et Lorèntin son neveu font foi et hommage à Thiébault II, comte de Bar, de ce qu'ils possèdent à *Troyon*, *Jossecourt*, Ambly, Wassecourt, etc. Le moulin de Wassecourt est cité dans cet acte, daté du mois d'août, le mercredi avant la fête de saint Barthélemy apôtre (*Ibid.*, B. 389, f° 363).

1330. — Pardevant Jehan Boursetrovée, prêtre, et Joffroy Marcel d'Andelot, Arare (Érard) de Vauquelour (Vaucouleurs), vend à Édouard, comte de Bar, la maison de *Lisle-les-Troyon*, ensemble le pourpris (enceinte), tout ce qu'il a aux villes de *Troyon*, de *Pécourt*, de *Jossecourt*, de Lacroix-sur-Meuse, de Basoilles (1), etc., en hommes, en femmes, en cens, en rentes, en coutumes, en feux, en moulins, en prés, en terres, en vignes, en eaux, en bois, en gelines (poules), en chapons et toutes autres choses quelles qu'elles soient. Lesquelles terres de Basoilles et de Lisle étaient à Jehan et Ysabel, enfants dudit Errard, lui venant de demoiselle Aalis (Alix), feu sa femme et mère de ces enfants. Daté du jour des Brandons, premier dimanche de Carême (*Ibid.*, B. 389, f° 153).

1332. — Alexandre de Creuë, chevalier, fait savoir qu'il tient en fief et hommage de monseigneur le comte de Bar, ce qu'il a, peut et doit avoir à *Pécourt*, *Jossecourt*, *Troyon*, la grange qu'on dit la Grange-aux-Champs, devant Lisle, en bans, finages et appartenances, en hommes, femmes, prés, terres, cens, rentes, fours, moulins, bois, eaux, justices grandes et petites, et en toutes autres choses sans en rien retenir. Il en excepte l'hommage qu'il doit à Mgr l'évêque de Verdun, puis ce qui meut (dépend) à Troyon du seigneur d'Apremont, et ce que ledit Alexandre a donné en arrière-fief, dans les localités plus haut citées, à messire Robert de Mart (Marre?). Il reconnait aussi devoir, à raison de cet hommage, au comte de Bar, la garde à Trougnon (Heudicourt) pendant trois semaines. — Daté du mardi après la fête de saint André apôtre (2) (*Ibid.*, B. 389, f° 401).

(1) Canton de Neufchâteau (Vosges).
(2) Par l'acte précédent, le comte Édouard acquiert des biens à Troyon, Pécourt, Lisle et Jossecourt; aussitôt, il les donne en fief

— Pardevant Anchier, abbé de Saint-Mihiel, Hugues de Ranzières, chevalier, reconnaît tenir en foi et hommage du comte de Bar, tout ce qu'il possède aux finages de Vaux, *Troyon* et Wassecourt, en hommes, femmes, justices haute et basse, fours, moulins, rentes de deniers, de gelines, de blé, de cire, en eaux, bois, terres et prés. — Signé et scellé en 1332, par l'abbé Anchier, le jeudi après l'apparition de Notre-Seigneur (*Ibid.*, B. 389, f° 377).

1385. — Henry, évêque de Verdun, d'accord avec messires Alexandre, Jean et Renier de Creuë, dans le but de mettre fin à des irrégularités commises par ceux-ci contre le droit de formariage (1), autorise ses sujets de Creuë à épouser ceux que lesdits seigneurs possèdent et pourront posséder à *Troyon*, à *Pécourt* (il y existait donc des habitations?) et à *Jossecourt*, et par réciprocité, ceux-ci pourront se marier librement à Creuë sans aucun partage de leurs enfants, qui tous seront au seigneur sur la terre de qui ils seront nés. — Cet arrangement eut lieu le 29 septembre, fête de saint Michel (*Ibid.*, B. 389, f° 149, verso).

1380. — Le 17 octobre de cette année, le prévôt de Pont-à-Mousson amena des secours à l'armée du duc de Bar, qui assiégeait Bouconville. Le 18, il fit un nouveau voyage à Pont-à-Mousson, avec ses collègues de Stenay, de *Troyon* et une poignée de gendarmes (2) (V. Servais, *Annales hist. du Barrois*, t. II, p. 14).

— Le duc Robert de Bar avait fait mettre une garnison à

c'est-à-dire moyennant hommage, à Alexandre de Creuë, qui devient ainsi son vassal; celui-ci, à son tour et à la même condition, en remet une partie à Robert de Mart, qui à son tour est le vassal d'Alexandre et l'arrière-vassal ou le *vavasseur* d'Édouard, suzerain de l'un et de l'autre.

(1) Nous avons dit qu'à chaque fief étaient attachées autrefois des personnes serves. Sauf l'autorisation de leur seigneur (Voir plus haut, année 1216), et à raison du droit de formariage, elles ne pouvaient se marier hors du fief auquel elles appartenaient ni le quitter, parce qu'elles étaient une valeur productive. Mais, nous venons de le voir, les seigneurs établissaient quelquefois entre leurs sujets le droit d'entrecours réciproque, qui supprimait le formariage. Celui-ci était la règle et l'entrecours l'exception.

(2) Ne s'agit-il pas plutôt de *Trognon*, où il existait un prévôt?

Ranzières pour tenir en respect les troupes pillardes de Pierre de Bar, seigneur de Bouconville. Les gens de cette garnison, manquant des ressources nécessaires pour payer leurs frais à *Troyon*, donnèrent à leur hôte deux bœufs qu'ils avaient pris au doyen de l'église de Verdun, à qui le duc les fit rendre après avoir désintéressé le créancier. Les populations d'Ambly, de *Troyon* et de Lacroix, qui avaient transigé avec l'un des agents de Pierre de Bar pour se racheter du feu pendant la guerre, furent condamnés depuis, en raison de ce fait, à payer 60 francs au duc de Bar (*Ibid.*, t. II, p. 15).

— L'armée vagabonde de Pierre de Bar s'était grossie jusqu'à cent mille hommes, inondant et foulant la province. Le duc de Bar, Édouard, fils de Robert, fit appel de tous côtés; la prévôté ruinée de Saint-Mihiel fut contrainte de trouver de l'argent et de fournir 1.600 fr. *Troyon* et Lacroix furent taxés chacun à 45 fr., Ambly à 50, et Ranzières à 8 fr. seulement (Dumont, *Hist. de Saint-Mihiel*, t. I, p. 103).

— Vers la même époque, Jean Fraine, de *Troyon*, neveu de Bertrand Bocher, le fondateur de la chapelle Saint-Jean en l'église Saint-Michel de Saint-Mihiel, et Jeannette sa femme, donnent à la chapelle Notre-Dame de la même église 6 gros de cens et 9 fr., et Colin Gervaise, aussi de Troyon, 10 sous de cens (L. Germain, *Mon. fun. de l'église Saint-Michel de Saint-Mihiel*).

— Les détails que l'on retrouve dans les comptes du temps donnent une triste idée de la position à laquelle la guerre entre le duc et Pierre de Bar avait réduit la population de certains villages de la prévôté de Saint-Mihiel. L'un de ces registres nous apprend que le passage (1) de *Troyon* ne put être loué à Noël 1380, parce qu'*il ne demoroit nul homme au paiis* (V. Servais, *Ann. du Barr.*, t. II, p. 17).

1394. — Jean de *Troyon* (2), prévôt et alors gruyer de Saint-

---

(1) On prélevait une sorte de péage sur les voitures étrangères qui traversaient le village. C'était encore un droit du seigneur. Ceux de la prévôté de Saint-Mihiel en étaient exempts à Troyon.

(2) A cette époque, où les noms de familles étaient rares, les personnages un peu marquants ajoutaient volontiers à leur nom de baptême celui de leur lieu d'origine.

Mihiel, fait pêcher, pendant le carême de cette année, l'étang de la Perche, situé au-dessous de Woinville. Le produit de cette pêche est partagé par moitié entre le duc de Bar Robert Ier et Jacques d'Orne, copropriétaires de l'étang (*Ibid.*, t. II, p. 205, note).

Nous trouvons un autre Jean de *Troyon* en 1505 (Dumont, *Ruines de la Meuse*, t. I, p. 337).

1395. — A l'occasion d'un mouvement projeté par le sire de Boulay et Jean de Virey, qui avaient mis des troupes sur pied avec l'intention de se jeter sur le Barrois, Robert, duc de Bar, transmit de *Troyon* à Georges de Serrières, à Briey, à Richard et Colars des Armoises, à Tichemont et à Ranzières, l'ordre de réunir des forces pour arrêter l'ennemi (V. Servais, *Ann. du Barr.*, t. II, p. 224).

1397. — Perrin de Ranzières, habitant *Troyon*, est condamné par le prévôt de Saint-Mihiel à 60 sols d'amende pour avoir recouru à la justice de l'abbaye de cette ville et non à celle du duc (Dumont, *Hist. de Saint-Mihiel*, t. I, p. 108).

1405, *15 septembre*. — Dans un besoin urgent, la communauté de *Troyon* dut emprunter, à certains citains de Verdun, une somme de cent écus. C'est pourquoi discrètes personnes, fils de Warrins, fils de Jean Petit de la Creux (Lacroix), maires de la ville de Troyon et de la mairie d'icelle, Menges Bubons, échevin, Huons Gérard, doyen, Jacquemins Fienne, Jehan le Baron et autres de ladite ville de Troyon, assignent à Jacomin Le Compe, Heilwide sa femme, Jehan leur fils, Jehan Le Compe, frère dudit Jacomin, Thiébault fils, Jehan Materfalcon, à leurs cinq vies du plus vivant d'eux cinq, la somme de douze francs chaque année. La communauté se réserve le droit de racheter cette rente en remboursant audit Jacomin ladite somme de cent écus du droit coin du roy Charles, présentement roy de France, « de boin et de juste poidz » (*Arch. Meurthe*, B. 389, f⁰ 151).

1407. — Un voiturier de *Troyon*, nommé Jean Martin, fut condamné à payer quinze écus pour avoir, en traversant Senonville pendant la nuit avec une charge de bois de construction, *fait grand effroy* en manière de gens de guerre (*Ann. Barr.*, t. II, p. 402, note).

1442. — Une bande d'Écorcheurs d'environ deux cents hommes, commandés par Roidigue, banni de France, demeura près de quinze jours sur la rivière de Meuse, à Tilly *et lieux voisins*, et y commirent de nombreux dégâts (Dom Calmet, *Hist. de Lorraine*, t. V, p. 62).

1456, *13 avril*. — Jacquet d'Apremont donne son dénombrement au duc de Lorraine René d'Anjou, roi de Sicile et de Jérusalem, pour tout ce qu'il tient de lui à Wascourt, *Troyon*, Fontenoy et Lisle, savoir : le quart en la moyenne et basse justice de Wascourt,... et bans de Troyon et Jossecourt, la seigneurie de Lisle (1),... un gagnage appelé le gagnage de la Grange-aux-Champs,... la moitié du four de Lisle qui est en la ville de Lacroix,... la moitié du passage de Troyon,... cinq sols sur les rentes de Fontenoy (prairie de Troyon),... la moitié d'une mairie appelée *des payens* (paysans),... quatorze poules, etc. (*Voir aux Pièces justificatives le dénombrement de 1457 que nous donnons intégralement*).

1457. — Jean Maucut, de Jossecourt, plaide à Saint-Mihiel contre messire Jacques Gilbert, curé de Bannoncourt.

1503, *22 décembre*. — Philippe de Noveroy, chevalier, seigneur dudit lieu et de Vexecourt en partie, donne au duc de Lorraine, en échange de Jacquinette, fille de feu Jehan le Loup des Baroches (Paroches), sa femme de corps relevant du fief de Lisle habitant *Troyon* et décédée femme de Didier, fils de Jehan le Rouyer, Frémine, fille dudit Jehan le Rouyer et de Jeanne Pécourt sa femme, demeurant à Troyon,..... et en cas que ladite Frémine aille de vie à trépas avant qu'elle soit dans l'ordre de mariage, il promet d'en bailler une autre de pareille condition qu'icelle Frémine (*Arch. Meurthe*, B. 389, f° 152).

1534, *12 novembre*. — Philippe de Nouroy, chevalier, donne au duc de Lorraine Antoine, comme usufruitier de feue dame Nicole d'Apremont sa femme, dénombrement de ce qu'il possède à *Lisle et Troyon*, comme suit : le siège (emplacement) de la maison de Lisle-devant-Jossecourt, du moulin qui était au

---

(1) A cette date la maison-forte de Lisle n'existait plus, ainsi que Pécourt qui en était proche.

devant d'icelle d'ancienneté et de la Grange-aux-Champs appartenant à icelle maison : laquelle maison m'est loisible de faire réédifier, mettre en état, refaire et relever, et la vanne dudit moulin ainsi qu'elle était du passé. A cause de ladite maison et seigneurie de Lisle, j'ai mes hommes et femmes de corps au lieu de Troyon de condition servile... Encore la rivière qu'on dit *l'eau de Lisle,* autant qu'elle s'étend et contient du long et du large... Encore la chasse de cinq bœufs ès prés devant Troyon au lieudit en Pécourt etc. [Nous regrettons de ne pouvoir, faute d'espace, donner ce dénombrement tout entier] (*Arch. Meurthe*, B. 389, f° 371).

1546, *11 décembre*. — Le prince Nicolas, évêque ou administrateur de l'évêché de Verdun, cède et transporte au duc de Lorraine les villages de Lamorville, Lavignéville, Seuzey, Villy (Tilly?) Woyon (Troyon), Saint-Remy, etc., moyennant d'autres terres que lui abandonne le duc (D. Calmet, *Hist. de Lor.*, t. V, p. 655).

1565. — Nicolas Psaume, évêque de Verdun, confisqua les biens de ses sujets convaincus d'hérésie, et fit combattre par de savants missionnaires ceux qui étaient infectés des nouvelles doctrines, tant dans sa ville épiscopale qu'à Orne, Ancemont, Villers, Récourt, Tilly, Bouquemont, Buxières, Sampigny et plusieurs autres lieux voisins de la Meuse : il les ramena tous au bercail, excepté deux familles de Saint-Mihiel. — Troyon ne dut pas être alors oublié (D. Calmet, *Notice sur la Lorr.*, t. II, p. 213).

1568, *20 août*. — Guillemette du Châtelet, autorisée par messire Christophe de Mondragon, chevalier, son mari, pour administrer les biens d'Hector, Loyse, Judith et Dyanne d'Apremont, leurs filles,... donne, cède, quitte, renonce et transporte au duc de Lorraine, de Bar, Calabre, Gueldre, etc., la personne d'Annette Pécourt, fille de feu Christophe Pécourt et de Magron ou Magueron sa femme, en leur vivant demeurant à *Troyon*, pour icelle Annette épouser Perrin Bonnart, fils de feu Adam Bonnart et Jaquemette sa femme, demeurant à Dompcevrin.... Et le duc s'engage à donner en contre-échange, à dame Guillemette, une femme de pareils état, condition et faculté que ladite Annette (*Chambre des Comptes de Bar*).

1571. — Cette année il fut question de réformer la Coutume de Saint-Mihiel, sorte de code spécial à la province et propre à guider la justice. Les trois ordres (noblesse, clergé, roture) furent convoqués à cet effet. *Troyon* élut pour le tiers-état Colin le Roussel, Colot Dougnon et Marin Pécourt.

1610. — Ursule de Saint-Astier, abbesse de Saint-Maur de Verdun, et ses religieuses, supplient Éric, évêque et comte de cette ville, de leur confirmer les droits, rentes, etc., à elles concédés par l'évêque Thierry, l'un de ses prédécesseurs, et déjà confirmés par le pape Léon IX (voir page 58), ainsi que la collation des cures de.... Ranzières, Wymbey, *Troyon*, etc. Ce qui fut ordonné à Nancy le 25 novembre 1610.

1616, *14 juin*. — Jean Dognon l'aîné, mayeur de *Troyon*, s'engage à payer chaque année à S. A. le duc de Lorraine une somme de deux francs barrois que doivent au domaine Jean-Pierre Vuiant et Claudine sa femme, habitant Esnes-en-Argonne, pour la permission qui leur a été donnée d'hériter de feu Colin le Roussel et Colette sa femme, de Troyon, père et mère de ladite Claudine. Ladite redevance doit être prise sur le revenu de la moitié d'une fauchée de pré fauchable, finage de Troyon, lieudit à Batorprey, laquelle est hypothéquée pour en assurer le paiement, ainsi que les biens personnels dudit Dognon.

1623. — Claude Pécourt, de *Troyon*, est traduit, par l'abbé de Saint-Mihiel, devant le bailliage de cette ville pour anticipation. Il est condamné par sentence, et la vanne du moulin est abornée pour éviter toute difficulté ultérieure. (*Arch. Meuse*, 4 Z¹.)

1631, *25 février*. — Jean Dognon le jeune est établi mayeur de *Troyon* pour S. A. au lieu de son père, pour jouir de cette mairie sa vie durant avec les droits, franchises, libertés et émoluments qui y sont attachés, moyennant une redevance annuelle de seize francs barrois, payable à Noël entre les mains du receveur de Saint-Mihiel. — Par décret du 16 mars 1631, il est permis audit Jean Dognon, nonobstant sa qualité de maire, de tenir taverne audit Troyon, mais pour les non-résidents seulement, sous le bon plaisir de Son Altesse (1).

1630-1676. — Nous arrivons à une époque désastreuse pour le Barrois et la Lorraine, gouvernés par le duc Charles IV, le plus brave, mais le plus versatile des souverains. Par ses maladresses répétées, il attira sur ses sujets des calamités inouïes. Nous ne les raconterons pas nous-même pour ne pas être taxé d'exagération, et nous laisserons parler deux des nombreux historiens qui sont unanimes à les décrire. Quoique Troyon ne soit pas nommé parmi les localités qui les souffrirent, il fut d'autant moins épargné que le vallon de Récourt était un des principaux et des plus sûrs passages des ennemis dans la région.

Disons d'abord les causes de ces calamités.

Charles III, plus connu sous le nom de Charles IV, attira, nous l'avons dit, sur ses malheureux sujets, une foule de peines qu'il eût pu facilement leur épargner. Séduit par la duchesse de Chevreuse, ennemie de Richelieu, il lui donna un asile dans ses États (1627), et poussa l'aveuglement jusqu'à traiter, à son instigation, avec les Anglais en guerre avec la France. En 1631, il maria sa sœur à Gaston d'Orléans, frère de Louis XIII, malgré celui-ci, qui entra aussitôt en Lorraine avec une armée. Réduit à demander la paix, Charles IV reprit les hostilités l'année suivante. Vaincu en plusieurs rencontres, il céda pour toujours Clermont au roi, et pour quatre ans Jametz et Stenay. Charles, non corrigé, reprit encore une fois les armes, fut de nouveau défait, et par le traité de Nancy, il remit pour quatre ans cette ville aux mains de Louis XIII. En 1634, il dut abdiquer en faveur de son frère le cardinal Nicolas-François, et s'étant retiré en Allemagne avec une armée, il prit une part très-active à la guerre de l'Empire contre la France (guerre de Trente-Ans). Nicolas-François, avec dispense du Saint-Siège, épousa Claude, fille de Henri II de Lorraine ; mais Richelieu, à qui cette union déplaisait, envahit le duché, et gagna les principaux habitants qui se déclarèrent contre François. Ce prince s'enfuit en Italie,

(1) En 1598, tant en Lorraine qu'en Barrois, les habitants ne pouvaient aller en taverne sans y être convoqués par les forains, une fois l'an suivant les ordonnances.

et le traité de Saint-Germain, conclu en 1640, rendit la Lorraine au duc Charles, moyennant l'hommage pour le duché de Bar, la cession de Clermont, Dun et Jametz, et la promesse de démolir les fortifications de Marsal. Charles, à qui cette rude leçon n'avait pas profité, recommença la guerre; ses États lui furent enlevés de nouveau; il passa le Rhin, offrit à l'Empereur le secours de son épée, ne cessa de soutenir les mécontents contre le nouveau ministre Mazarin, et néanmoins on lui rendit son duché, mais à de dures conditions, dont l'une fut que les fortifications de Nancy seraient rasées. Voyant son duché ouvert aux troupes françaises et que toute révolte lui était désormais impossible, Charles proposa à Louis XIV de lui céder la Lorraine à sa mort, moyennant deux cent mille écus. Ces conditions furent acceptées, mais il se dédit, reprit les armes et perdit pour la troisième fois son duché. Retiré en Allemagne, il obtint le commandement des armées impériales et se distingua par sa valeur, surtout dans sa campagne d'Alsace contre Turenne, mais il ne put reconquérir une seule place importante de ses États.

Son neveu Charles V lui succéda en 1576, échoua dans toutes les tentatives qu'il fit pour recouvrer son duché, continua de résider en Allemagne et s'y fit remarquer dans la guerre contre les Turcs.

Le traité de Ryswick (1697) rendit la Lorraine à son fils aîné, Léopold Ier, qui y ramena la paix et l'abondance.

Voyons quels furent, durant près d'un demi-siècle, les résultats d'une si déplorable politique.

« La peste commença à Pâques de l'année 1630 et ne cessa qu'en 1637. En même temps, la guerre et la famine désolaient le pays. Ces fléaux furent tels qu'il resta à peine *la centième partie* des habitants, ce qui est confirmé par les anciens registres des communautés (1).

---

(1) « En 1649, Souilly ne comptait que 19 ménages, 6 mendiants et un pâtre. Il n'y eut cette année-là qu'une naissance. — A Dugny, 5 manœuvres, 3 soldats en garnison à Verdun, 1 sergent, 4 mendiants, 9 femmes mariées, — ni nobles, ni femmes d'échevins de justice. — A Ancemont, 4 laboureurs, 2 manœuvres, 1 sergent, 1 pâtre, 6 femmes

« Certains villages étaient tellement déserts que les loups, qui s'étaient multipliés, faisaient leur retraite dans les maisons. La famine fut si extrême, que les hommes se mangeaient les uns les autres. Dans un village près de Nancy, on pendit un homme convaincu d'avoir tué sa sœur pour lui ravir un pain de munition. Les charognes étaient recherchées comme un régal. Les fruits sauvages, les racines champêtres, les glands, se vendaient au marché pour la nourriture des hommes. Les terres demeurèrent en friches, faute de bras et de bêtes de trait, et se couvrirent d'épines. Les prairies abandonnées furent envahies par les broussailles et nourrirent une infinité de bêtes venimeuses ». Le resal de blé dans les années de 1635 à 1640, se vendit couramment 50, 60 et même 100 francs barrois ; son prix ordinaire était de 15 à 18 francs.

« On a vu, dans certains villages, les hommes s'atteler à la charrue. C'est ce que fit un curé des environs de Saint-Mihiel pour donner l'exemple à ses paroissiens. Plus de troupeaux à la campagne, plus de laboureurs dans les champs ; les chemins mêmes étaient abandonnés et inconnus. Le soldat lubrique et impitoyable exerçait sa brutalité sur les biens et sur les corps. Les sacrilèges, les incendies, la profanation des choses et des lieux les plus sacrés, étaient par les soudarts regardés comme un jeu » (D. Calmet, *Hist. lorr.*, t. IV, pp. 150 à 208).

« En 1656, écrit à Verdun le chanoine Roussel, les Cravates, ramassis de pillards de toutes les nations et même des Lorrains, continuèrent leurs ravages dans notre province, exer-

---

mariées. — A Issoncourt, 9 ménages, etc., et ainsi dans toute la prévôté.

« En cette année, il y avait à Dugny 3 chevaux et 4 bœufs ; — à Ancemont, 3 chevaux et un bœuf ; — à Landrecourt, 3 chevaux et 3 bœufs ; — à Senoncourt, 4 chevaux et 7 bœufs.

« Au fief de Woy, situé entre Dugny et Belleray, on ne sut plus à qui appartenaient les prés et les masures que le duc de Lorraine y avait ascensés à perpétuité » (Jules Didiot, *Société phil. de Verdun, Mémoires*, 1873). Remarquons en passant que le traité de Westphalie (1648), conclu entre l'Allemagne, la Suède et la France, avait un peu rassuré nos populations rurales ; mais la paix ne fut pas de longue durée en Lorraine et Barrois.

çant toutes sortes de cruautés sur les personnes qui tombaient sous leur main; ils les faisaient mourir à coups de bâton, leur brûlaient la plante des pieds ou les pendaient dans les cheminées. Ceux qui s'enfuirent dans les forêts périrent par la famine, n'ayant pour se nourrir que des racines ou quelques fruits sauvages qu'ils mangeaient avant leur maturité! Tous les villages furent entièrement dépeuplés pendant plusieurs années et devinrent comme un désert, sans hommes et sans animaux pour cultiver la terre » (*Hist. de Verdun*, revue et annotée, 1863, t. II, p. 60 à 62).

En ces temps malheureux, saint Vincent de Paul envoya chez nous quelques-uns de ses prêtres qui, outre les consolations de la religion, distribuèrent pour plus d'un million, tant en argent qu'en vêtements et nourriture, et sauvèrent du désespoir et de la mort une foule de personnes.

Ce fut également à cette époque qu'Alberte-Barbe d'Ernecourt, dame de Saint-Balmont, surnommée l'*Amazone chrétienne*, non contente de défendre son village et son château de Neuville-en-Verdunois contre les brigands, courait sus aux Cravates. « On la vit souvent, à la tête de quelques gentilshommes, de ses domestiques et des paysans de Neuville, poursuivre les pillards, les aller même chercher dans leurs retraites, et les contraindre à se rendre à discrétion. Elle se mettait sans tarder à leur recherche dès qu'elle les savait aux environs de son village ou des villages voisins. On cite plus de trente rencontres où elle se trouva, depuis 1643, sans avoir jamais été ni vaincue ni blessée (1) » (D. Calmet, *Hist. lorr.*, t. IV, p. 347).

Une ordonnance du duc Charles IV, l'auteur de tous ces maux, datée du 17 mars 1664, est une preuve officielle que les historiens n'ont pas exagéré la misère prolongée qui régnait dans nos campagnes.

(1) Elle cacha chez elle, du 29 juin 1638 au 25 mars 1641, la statue miraculeuse de Benoîtevaux. *Troyon* fut l'une des premières paroisses, après Dugny, Haudainville et Dieue, pour aller lui rendre ses hommages après sa réintégration, sous la conduite de son curé Claude Frizon (Dumont, *Hist. de l'Étanche et de Benoîte-Vaux*, pp. 89 et 102).

« Comme la longue durée des guerres, dit l'ordonnance, a tellement diminué le nombre de nos sujets, qu'une bonne partie des terres y sont demeurées, non seulement en friche, mais même tant de haies, buissons et épines y sont crûs, qu'étant difficile au peu de peuple qui reste de défricher, nettoyer, et pour mieux dire essarter lesdites terres, ils ont cru diminuer beaucoup la longueur de ce travail en mettant le feu dans lesdites haies, épines et buissons; mais comme nous sommes averti que ce feu, ayant été emporté par le vent dans les bois voisins, y a causé tels incendies qu'il s'en est trouvé une très grande quantité de brûlés et tellement gâtés qu'il est impossible de pouvoir en faire aucun profit.....; faisons défense à toute personne, de telles qualité et condition qu'elle puisse être, de mettre le feu, non seulement dans lesdites haies, buissons et épines, sous prétexte de défricher et nettoyer les terres pour les remettre en labeur ou autrement, mais aussi dans les étoubles (éteules), prés et roseaux, qui n'auraient pu être fauchés ou nettoyés, à peine de tous dépens, dommages et intérêts, et de cinq cents francs d'amende (Durival, *Descript. de la Lorr. et du Barrois*, t. I, p. 69).

Donc depuis 1630, nos villages furent accablés par toutes sortes de maux. Il en reste quelques traces dans les archives de Troyon :

En 1635, il est accordé une diminution à Didier Simon et à Didier Pécourt sur le *tressan* (trescens, fermage) du gagnage de Saint-Martin, parce que leur blé a été pillé par le capitaine Orezel. — En 1637, la confrérie de Saint-Roch ne tire rien de ses prés *à cause des guerres*. — En 1644, la récolte des prés de cette même confrérie a été vendue, mais les gens de guerre en ont fait manger une partie, et le reste n'a pas été payé. — En 1646, les prés de Sartel sont mangés par les gens de guerre du régiment de Lanvaux. — En 1647, les prés de Presle n'ont pas été vendus. — En 1659, les prés sont encore ruinés par le fait des guerres.

1633, *20 janvier*. — Jean Maguin, receveur des hôpitaux de Metz, et Claude Lallemand sa femme, fille des feus Colin Lallemand et Barbe Le Gaigneur, de *Troyon*, obtiennent de Son

Altesse le duc de Lorraine et de Bar, l'autorisation de recueillir, quoiqu'absents du duché, l'héritage dudit Colin et de sa femme, moyennant paiement, pour chacune des deux successions, à la recette de Saint-Mihiel, d'une rente annuelle et perpétuelle de deux francs; et pour sûreté du paiement de cette rente les biens desdites successions sont et resteront hypothéqués, en quelques mains qu'ils se trouvent (*Arch. Meurthe*, lay. *Saint-Mihiel*, 3, n° 115).

1645. — En revenant du siège de La Mothe, M. de Marsins avait trois régiments à *Troyon*. Une partie de ces troupes, destinées à Saint-Mihiel qui fut épargné à force de cadeaux, se rendit à Commercy (Dumont, *Hist. de Saint-Mihiel*, t. II, p. 76).

1653, *21 février*. — Ordre du maréchal de La Ferté de recevoir en quartier d'hiver huit compagnies de son régiment à Saint-Mihiel. On obtint que les villes et les villages y contribueraient. *Troyon* fut taxé à 1.672 rations (1) : c'est la taxe la plus élevée; — Ambly à 359; — Ranzières en fut exempt (*Ibid.*, t. II, p. 89).

1661. — A cette époque, les rentes dues au duc pour droit de garde par différents villages de l'évêché de Verdun devaient être conduites à Saint-Mihiel par les communautés de Dompcevrin, Lacroix, *Troyon* et Ambly (C. Bonnabelle, *Notes sur Lacroix-sur-Meuse*, 1894, p. 5).

1690-1691. — Le sieur de Verneuil, capitaine de cavalerie, tient garnison à *Troyon* pour le service du roi.

1725. — Nicolas Gilon (*sic*), de *Troyon*, est poursuivi devant la justice de Saint-Mihiel par les Bénédictins de cette ville, pour des travaux qu'il avait fait exécuter sur le ruisseau de Wascourt au préjudice du moulin de Troyon, leur appartenant. Il dut remettre les choses en l'état. — Plus tard sa veuve eut un nouveau procès avec les mêmes religieux, pour avoir fait construire une porte donnant sur le breuil à l'extrémité de son jardin. Nous ignorons l'issue de ce procès (2).

---

(1) La ration du soldat était de trois chopines de vin, une livre et demie de viande et deux livres de pain (Dumont, *Hist. des fiefs de Commercy*, *Vignot*, p. 243).

(2) *Archives de la Meuse*, 4 Z^5 et 4 Z^6.

1730. — François de Rosières, seigneur de Lacroix-sur-Meuse du fait de son épouse Marguerite de Bloise d'Amblemont, donne à la Charité (hospice) de Saint-Mihiel un gagnage à *Troyon*, ce que ses enfants ratifièrent en cette année 1730 (Dumont, *Nobiliaire de Saint-Mihiel*, t. II, p. 44).

Au dix-huitième siècle, *Troyon* reçut garnison française. Les registres paroissiaux nous fournissent à cet égard, dans les actes de naissances et de décès, quelques renseignements fort incomplets. En 1738, la garnison se compose de la compagnie de M. d'Affreville, du régiment Royal-étranger. — En 1747, celle de M. d'Aussone du régiment de Royal-allemand, tient ses quartiers d'hiver à Troyon. — En 1748, c'est une partie du régiment d'Orléans-dragons, et en 1749, la seconde brigade des gendarmes écossais. — En 1753, Troyon est occupé par une compagnie de hussards du régiment de M. de Bercheny, et en 1759, par une compagnie du régiment Royal-étranger commandée par M. de Jumilhac.

(Nous avons orthographié les noms propres comme ils semblent l'être dans les actes souvent peu lisibles.)

1790, *5 avril*. — Dominique Perrin, commandant la garde nationale de Rupt-en-Woëvre, Jean-Philippe Gouillé (?), officier municipal de Vaux-les-Palameix, et Isidore Jourdain, capitaine de la garde nationale à Ranzières, accourent à *Troyon* avec des hommes armés, avertis qu'*une bande de brigands* s'était répandue dans le canton. Cette terreur était sans doute imaginaire, mais très-propre à mettre en relief les récents galons de ces héros improvisés (*Voir les archives municipales de Troyon*).

1828, *18 septembre*. — Madame la duchesse d'Angoulême, sœur de l'infortuné Louis XVII, traverse *Troyon*. Le conseil municipal vote deux cents francs pour l'érection de deux arcs-de-triomphe, dont l'un vers Ambly à la limite de l'arrondissement. Mlle Stéphanie Leblan lui offre un bouquet et des dragées.

1895. — Dans la nuit du 26 au 27 juillet, à onze heures et demie du soir, un incendie causé par la foudre détruisit quatre maisons et en endommagea deux. Les dégâts furent évalués à 11.268 fr.; 11.068 fr. furent payés par la Caisse départementale des incendiés de la Meuse et 200 fr. par d'autres compagnies d'assurances.

ÉCARTS.

Palameix. — Cette ferme ou cense, propriété actuelle de la famille Goujon, qui l'a acquise en 1846 de M. Labouille, alors notaire à Saint-Mihiel, est située sur le chemin de Vaux à Lacroix-sur-Meuse, entre les bois de Troyon, à cinq kilomètres de cette dernière commune, dans un vallon étroit et tourbeux, assaini et amélioré par quelques drainages intelligents. Son origine est inconnue. Voici, d'après M. Félix Liénard (1), les noms qu'elle a portés : *Malameias*, en 1049, bulle de Léon IX; — *Palamei*, 1571, procès-verbal des coutumes, et pouillé de Bar de 1749, — *Notre-Dame de Palamey*, 1749, même pouillé et Carte des États; — *Palami mansus*, M. Clouët.

Avant la Révolution, Palameix était écart de Troyon, annexe de Ranzières (2), du Barrois non mouvant (3), diocèse et officialité de Verdun, archidiaconé de la Rivière, doyenné de Saint-Mihiel; il ressortissait à la Cour souveraine de Nancy, au présidial de Toul, aux recette, coutumes, bailliage et prévôté de Saint-Mihiel. Le roi en fut seul seigneur au lieu du duc de Lorraine, après la réunion de cette province à la France (1766).

Dès 1399, l'abbaye de Saint-Mihiel possédait les deux tiers des grosses dîmes de Palameix, et le nécrologe de l'abbaye de Saint-Paul de Verdun dit que Milon de Harbeuville (Herbeuville) a donné à la première de ces abbayes tout ce qu'il possédait sur la petite dîme de cette cense.

Palameix appartint le plus souvent aux seigneurs de Ranzières; d'autres familles, celle des Nettancourt par exemple,

---

(1) *Dict. topogr. du département de la Meuse.*
(2) Dom Calmet, *Notice sur la Lorraine.*
(3) Vaincu par Philippe le Bel en 1302, le comte de Bar, Henri III, subit un traité par lequel la portion du Barrois située à gauche de la Meuse *mourrait* ou relèverait de la couronne de France. L'autre portion forma le Barrois *non mouvant*, dont Troyon faisait partie, comme nous l'avons dit page 473.

possédèrent ce petit domaine. En 1497, le duc René II affranchit la cense de Palameix en faveur de Jacques Wifle ou Wisse, capitaine de sa garde.

En 1750, elle appartenait à M. de Trestondant, seigneur de Ranzières.

Lorsqu'éclata la Révolution, M. de Calonne, l'inhabile contrôleur général des finances sous Louis XVI, possédait Ranzières et Palameix.

Le 1er brumaire an VI (22 octobre 1797), la ferme de Palameix, devenue propriété nationale, comprenant : 1° une maison d'habitation, jardin et bâtiment en dépendant ; 2° quatre-vingt-un jours de terre simple, dont neuf sur le territoire de Vaux, et douze fauchées de pré, dont trois sur le finage de cette même commune et tout le reste sur celui de Troyon, provenant de l'ex-ministre Charles-Alexandre Calonne, émigré, fut vendue « à la nommée Marie-Camille-Victoire Cassagues, épouse Ligniville (1), domiciliée à Boncourt, pour 70.200# ».

En 1814, M. Labouille était déjà propriétaire de Palameix.

Chapelle et Ermitage. — Cette chapelle, située au-dessous de la maison de ferme (2), fut primitivement une église fondée vers le milieu du quatrième siècle. Une tradition, en effet, fait remonter l'origine de Notre-Dame de Palameix jusqu'à saint Saintin, premier évêque de Verdun, qui serait venu là renverser les idoles païennes et remplacer leur culte impie par celui de la Vierge (3). Ce serait en mémoire de ce fait que plus tard la chrétienté de Vaux-les-Palameix plaça son église sous le

---

(1) Son mari était le comte René de Ligniville, seigneur du fief de Boncourt, colonel au régiment de Bourgogne-infanterie en 1789.

(2) La maison actuelle fut construite près de la chapelle par la famille Goujon ; l'ancienne ferme existait au-dessous dans la vallée.

(3) Les anciens curés des paroisses voisines prétendaient naguères encore que dans le culte peu éclairé dont est l'objet N.-D. de Palameix, il restait des pratiques singulières et superstitieuses rappelant les coutumes païennes, et qui se seraient transmises à travers les âges (M. l'abbé Gillant).

Suivant les villageois des environs, les vierges de Palameix et de Benoîtevaux sont *sœurs* et se visitent mutuellement. Elles suivent

vocable de saint Saintin. Quoi qu'il en soit de cette tradition que n'appuie aucun document, l'église de Palameix existait avec titre de cure au onzième siècle, puisque le pape saint Léon la cite dans une bulle de 1049, sous le nom de *Malameias*, parmi celles dont l'abbesse de Saint-Maur était collatrice, Ranzières, Troyon et autres. On l'a dit même mère-église de celle de Vaux (1), et Machon, dans son Pouillé, la compte parmi les paroisses. Elle devint ensuite annexe de Ranzières (2), puis fut réduite à une simple chapelle avec ermitage, qui appartint pendant longtemps et jusqu'en 1790 aux Bénédictins de Saint-Mihiel.

En 1689, frère Jean Bérard, ermite de Palameix, se fait enregistrer à la confrérie de Saint-Sébastien de Troyon.

En 1703, les échevins de cette confrérie font recette d'une somme de 7 fr. provenant de frère Jean, autre ermite de Palameix.

L'Annonciation de la Sainte Vierge, 25 mars, était la fête patronale de la chapelle. Il y avait ce même jour un apport (3) ou pèlerinage-foire très-fréquenté. Les villages voisins y allaient en procession, car nous trouvons mentionnée, dans les comptes de la fabrique de Troyon, la dépense qui suit pour 1685 : « Délivré au cirier 40 soulz pour *avoir* venu exprès refaire le cierge pascal, qui fut rompu en allant en procession à N.-D. de Palameix ». On y offrait même des cierges, car la femme Jean Pécourt, de Troyon, fut payée en 1670 pour avoir rapporté les cierges blancs et portés ensuite à la Vierge de Palameix.

Le 28 brumaire an IV (19 novembre 1795), furent adjugés au

---

alors, à travers les bois, une route aérienne toujours la même, entre Palameix et Troyon, comme entre Tilly et Benoîtevaux. Plusieurs affirment qu'on distingue encore, quand le taillis est suffisamment élevé, le passage des deux sœurs, marqué par les cimes qui restent inclinées, les unes à droite, les autres à gauche. Cette croyance, persistante autant qu'absurde, montre combien les idées superstitieuses sont tenaces, même et *surtout* chez ceux qui font profession d'incrédulité (Cf. Clouët, *Hist. de Verdun*, pp. 101 et 102).

(1) Pouillé, de 1750.
(2) Dom Calmet, *Notice sur la Lorraine*.
(3) Vulgairement *rapport*.

sieur Jean-François Goujon, ancien fermier de Palameix pour M. de Calonne, moyennant la somme de 556 fr. 56 cent. : « 1° une chapelle nommée l'ermitage de Palameix ; 2° un corps-de-logis servant de logement au garde-chapelle ; 3° un clos devant ladite chapelle ; 4° un jardin verger et potager ; 5° un petit terrain servant autrefois de cimetière, attenant à la chapelle ; 6° un autre petit terrain situé au nord de la chapelle et le chemin de Vaux d'une part », — le tout provenant des Bénédictins de Saint-Mihiel (*Arch. de la Meuse*).

Après la Révolution, les pèlerins reprirent, mais moins nombreux, le chemin de la chapelle, surtout le jour de sa fête, qui fut reportée au dimanche du Bon-Pasteur. Vers 1825, quelques abus s'étant produits, tout culte public y fut interdit ; mais on continua d'y venir isolément, surtout des villages de la Woëvre et de Verdun, prier pour les malades et se placer sous la protection de Notre-Dame. Pendant quelque temps, M. le curé de Ranzières et de Vaux célébra la messe dans la chapelle aux fêtes de la Sainte Vierge, et le pèlerinage en masse, plus ou moins édifiant, a repris quelque faveur.

La chapelle actuelle, reste modeste d'un édifice plus vaste comme en témoignent des substructions, se compose d'une salle rectangulaire en contre-bas du sol, de 7 mètres de long sur 4 mètres 80 de large et 3 mètres de haut, éclairée par deux petites fenêtres carrées divisées chacune en deux par un meneau. L'une d'elles porte le millésime 1704. On accède dans la chapelle par une porte située entre les deux fenêtres, et surmontée d'une statue décapitée de saint Jean-Baptiste, grossièrement taillée, dont le socle porte la date de 1663. L'inscription AVE MARIA — GRATIA PLENA — DOMINUS TECUM, en caractères romains, se lit au-dessus des fenêtres et de cette porte encadrée de moulures cylindriques. A l'intérieur, un autel aussi très-modeste, orné de deux statues et d'un rétable paraissant remonter au XVI° siècle, le tout d'une médiocre valeur artistique, surtout le rétable, qui prétend représenter l'Adoration des Mages. Grâce aux soins de MM. Goujon, la chapelle est propre et décente. Le modeste édifice est surmonté d'une petite flèche carrée, abritant une cloche du poids de vingt kilos environ, qui porte dans deux écussons des inscriptions illisibles pour nous en caractères très-anciens, filiformes et peu saillants.

Éloignée de Troyon sa paroisse, et de tout secours religieux, la famille Goujon sollicita de l'évêché de Verdun, par l'organe de son chef Auguste-François Goujon (1), que la maison de Palameix, avec toutes ses dépendances, soit rattachée, quant au spirituel, à la paroisse de Vaux, beaucoup plus à sa portée. Faisant droit à cette requête et vu la lettre de M. Garot, curé de Troyon, par laquelle il déclare consentir à ce démembrement et renoncer, pour lui et pour ses successeurs, à tous ses droits sur cette portion de paroisse, MM. les vicaires généraux capitulaires du diocèse, le siège épiscopal vacant, décidèrent ce qui suit le 1er août 1844 : « Considérant que de temps immémorial l'ermitage de Notre-Dame de Palameix et les habitants qui l'entouraient furent rattachés à l'église de Ranzières, et qu'il convient de respecter ces anciens souvenirs, nous déclarons par ces présentes la terre de Palameix, sa chapelle et ses habitants, affranchis de la juridiction spirituelle de M. le curé de Troyon et de ses successeurs ; ordonnons qu'à l'avenir ladite terre de Palameix sera réunie à l'église de Vaux, annexe de Ranzières, et ses habitants soumis à la juridiction du curé de cette paroisse, lequel remplira..... sur lesdits lieux et habitants, tous droits, privilèges, obligations et devoirs de la charge pastorale ».

C'est en vertu, non pas de cet acte, mais d'une autorisation de son confrère de Troyon, que M. le curé de Ranzières remplit à Palameix les fonctions pastorales : ni l'évêque, ni à plus forte raison les vicaires capitulaires n'ayant le pouvoir de modifier la circonscription des Paroisses.

L'Iserâle. — Le moulin de l'*Iserâle* fut construit sur le ruisseau de ce nom, au-dessous de Palameix, à 4 kilomètre de Troyon, par M. Nicolas Leloup, notaire royal à Lacroix-sur-Meuse. L'ordonnance du roi en autorisant l'établissement date de 1830. Par sa délibération du 8 mai 1824, le Conseil muni-

(1) Qoique royaliste et connu comme tel, Jean-François Goujon fut nommé électeur en 1799 par le canton de Lacroix. Il reçut plus tard de Louis XVIII un sabre d'honneur que conservent ses petits-fils.

cipal de Troyon cède audit Leloup, pour édifier ce moulin, 56 ares 70 centiares de pâtis communaux, lieudit l'Iserâle, moyennant une rente annuelle et perpétuelle, rachetée depuis, de 72 francs. L'ordonnance royale autorisant cette aliénation, datée du 1ᵉʳ mars 1825, porte 75 francs au lieu de 72. Ce moulin, auquel nulle papeterie ne fut jointe, n'est plus qu'une simple maison de ferme habitée par un sieur Rech, qui l'a acquise des héritiers du sieur Leloup, ainsi que 16 à 17 hectares de terre qui en dépendent.

Jossecourt. — Ce village, depuis longtemps ruiné et dont le territoire a été réuni à celui de Troyon, était situé entre la Meuse et la route nationale, à 1.600 mètres environ de cette commune, au delà du fief de Lisle.

En 1252, il est nommé *Jossoncourt* dans le cartulaire de la cathédrale de Verdun, et *Jocourt*, *Jocurtis* (Jovi curtis?) dans des documents postérieurs.

Jossecourt était du diocèse de Verdun, de l'archidiaconé de la Rivière et du doyenné de Saint-Mihiel. Il ressortissait aux mêmes sièges judiciaires que Troyon. Machon, dans son Pouillé, le fait annexe de Woimbey, dont il était séparé par la Meuse et par une prairie souvent submergée. Une carte qui figure en tête du second volume de l'*Histoire de Verdun* par le chanoine Roussel, dernière édition annotée, 1864, place Jossecourt à gauche de la Meuse, le séparant ainsi de son territoire, ce qui semble contredit par les substructions considérables mises à jour à droite de la Meuse, au lieudit le Molton, lorsqu'on creusa le canal en 1879 : seuils et jambages de portes, foyers, éviers, etc., mais rien d'autrement remarquable.

En 1397, *Gerbin*, de Jessecourt (Jossecourt), pour ce qu'il jeta *sans cause* son chaperon en manière de gage (ou de défi) à Jacquemin Lafleur, de Troyon, fut condamné à une amende de 60 sols tournois par le prévôt de Saint-Mihiel (Dumont, *Justice criminelle*, t. I, p. 39).

En 1427, Jean *Maucut*, de Jossecourt, plaide à Saint-Mihiel contre Jacques Gilbert, curé de Bannoncourt (Dumont, *Hist. de Saint-Mihiel*, t. III, p. 111).

Jossecourt existait encore en 1457, car il est compris dans le dénombrement donné cette année par Jacques d'Apremont (Voir aux *Pièces justificatives*). Il n'en est plus fait mention après cette date comme localité habitée.

Les historiens racontent que, vers 1099, Ornatus, abbé de Saint-Mihiel, voulant honorer son ami Rodolphe, abbé de Saint-Vanne de Verdun, mort en odeur de sainteté à Flavigny-sur-Moselle, et dont on transportait les restes dans son monastère, les fit descendre la Meuse en bateau, tandis que les religieux de Saint-Vanne chantaient et psalmodiaient à distance. Le cortège étant arrivé à *Gunscort*, à trois lieues de Saint-Mihiel, les prêtres du lieu refusèrent les honneurs à Rodolphe; mais, disent les chroniques, peu après le feu consuma leur village. Les uns veulent que ce soit *Wascourt* (1), également ruiné, à 2 kilomètres de la Meuse, entre Ambly et Ranzières, au nord-est de Troyon; M. l'abbé Clouët opine pour Génicourt-sur-Meuse. Nous pensons que Gunsort n'était autre que Jossecourt placé sur le passage du funèbre convoi. Beaucoup mieux que Wascourt, écarté du fleuve, Troyon était également bien placé pour honorer Rodolphe, si l'on eût poussé jusque-là. Génicourt, appelé *Gugnecourt* à cette époque, est à 20 kilomètres de Saint-Mihiel.

— L'ancienne manse de *Pécourt* fut habitée suivant les anciens titres; mais nous ignorons quelle en était l'importance.

(1) *Wasssécourt*, *Wassecourt*, aujourd'hui *Wascourt*, patron saint Jacques, annexe d'Ambly, *Waheri curtis*, en 1106 (bulle de Pascal II), avait encore son église et un curé, *Félix Vaultrin*, en 1704. Son vieux moulin existe encore.

PIÈCES JUSTIFICATIVES.

I.

Dénombrement de Jacques d'Aspremont pour Wassecourt, Troyon et Jossecourt.

31 octobre 1457.

Je, Jacquet d'Aspremont, seigneur de Remenoncourt et de la forteresse de Marcheville-en-Woëvre, fais sçavoir à tous que je tiens et advoue a tenir ent fied et hommage de Très hault et excellent prince, le Roy de Jherusalem et de Sicile, duc d'Anjou et de Bar, à cause de sa prevosté et chastellenie de Saint-Mihiel ce qui s'ensuit..... Le quart en la moyenne et basse justice de la ville de Wassecourt, item le quart on toutes amendes de cinq solz, item doient tous ceulx de ladite corvée de charrues esquelles j'ay le quart. Item le quart en toute la justice foncière. Item un quart on four de ladite ville et on la retenue de mes hommes et femmes en icelle ville, et y a maieur qui a la congnoissance de mes dis hommes et femmes, qui liève et reçoit ce que m'y est deu et de présent n'y ay nuls hommes demeurans, et sont iceulx hommes et femmes de poursuicte, forfuyance et formariage et taillables à volunté une fois l'an. Item en la ville, ban et finage de Troyon et de Jossecourt, y a une seigneurie appelée la seigneurie de Lisle en laquelle j'ay la moitié partout avec iceluy seigneur Roy, et à cause d'icelle seigneurie, ay la retenue de mes hommes et femmes, et y ay maieur et justice que à la cognoissance de mes hommes et femmes, lesquelz sont de poursuite, de forfuiance et de formariage, fors pour l'entrecours qu'ilz ont avec ceux de la ville de Creu. Et qui feroit sang à l'un de mes hommes, j'aurois le sang par la main de mon maieur. Et me doivent iceulx mes hommes et femmes assises de blez à la Sainct-Remy pour leurs chevaulx, et à Pasques pour leurs corps et leurs autres bestes assises d'argent, et doivent aussi crouvées de bras et de charrues, de tele et pareile redebvance comme les hommes et les femmes dudict seigneur Roy de ladite seigneurie de Lisle. S'ensuit les noms de mes hommes et femmes qui de présent y sont : Didier le Camus, sa femme et ses enfans demeurant à Jossecourt; Pieresson Chabamoine, sa femme et ses enfans. Et est assçavoir que mes dis hommes d'icelle seigneurie ont tel entrecours à la ville de Creux, que tous les hommes et femmes de la ville de Creux qui sont aux seigneurs d'illec venoient demourer en la ville de Troyon ou de Jossecourt, ilz seroient à moy paisiblement de tele et pareile condition comme mes autres hommes et femmes. Et se mesdis hommes aloient à Creux, ilz seroient aux seigneurs de Creux sans nul reclain (réclamation). Item chascun conduict (ménage) de la ville de Troyon me doit chascun an demy bichet d'avoine s'il n'est cler ou noble, et y a ledit seigneur Roy autant. Item un gagnage appelé le gaingnage de la Grange au Champ situé et assis en la ville et finage de Troyon, et peult valoir par an un muy d'avoine monte et avalle (en moyenne). Item un couppel (tronçon) de rivière appellée la rivière de Lile qui puet valoir par an seize gros monte et avalle. Item une place d'une vanne en la rivière de Meuse, à pescher, qui est de présent en ruyne. Item la moitié on toutes les rentes tant d'argent comme de poulles, qui sont deues à cause d'icelle seigneurie de Lisle, lesquelles se paient à la Saint-Remy et à la Saint-Jean sus peine de cinq solz d'amende qui se lièvent par la main dudit maieur dudit seigneur Roy et du mien..... Item cinq chasses de buefs ez prez devant Troyon on lieu dit on Piecourt, et puet valoir chacune chasse chacun an, six gros monte et avalle..... Item, la moitié on passage de Troyon, et puet valoir ladite moitié présentement six frans par an, monte et avalle. Item une pièce de prey appelée le breul de quartiez, contenant environ huit faulcées et puet valoir par an trois francs monte et avalle. Item encor une pièce de prey appelée le breul des payens, contenant environ six faulcées et puet valoir par an deux frans monte et avalle..... Item environ quatorze poulles qui se paient sur plusieurs maisons et héritages situés on ban et finage de Troyon; et qui fait défault de paier audit jour lesdites rentes il est à cinq solz d'amende, on laquelle amende j'ay la moitié..... Toutes lesquelles choses je advoue tenir dudit seigneur Roy, à la cause que dessus, par protestation de augmenter, corriger et diminuer ceste présente déclaration, se trop ou pou y avois mis par inadvertance ou autrement. Et pour les choses dessusdites, je Jacquet d'Aspremont dessus dit, promet faire audit seigneur les services et debvoirs tels que ausdis fiedz appartiennent. En tesmoin

de ce, j'ay seellé ces présentes de mon séél armoyé de mes armes.....
le dernier jour d'octobre l'an mil quatre cens cinquante-sept. (*Arch.
Meurthe*, B. 389, f° 368, verso.)

II.

Dénombrement de Philippe de Nouroy pour Lisle-devant-Jossecourt et Troyon.

12 novembre 1534.

Je, Philippe de Nouroy, chevalier, seigneur de Ginecourt (Génicourt-sur-Meuse), etc., confesse tenir par manière d'usufruict à cause de feue dame Nicole d'Aspremont jadis ma femme, que Dieu absolve, en fied, foy et hommage de Trés illustre prince, mon très redoubté Seigneur, Monseigneur le Duc de Calabre, de Lorraine et de Bar, ad cause de son chastel et chastellenie de Sainct-Mihiel, les choses que s'ensuivent. C'est assavoir....., le siège de la maison de Lisle-devant-Jossecourt, du molin qui estoit ou devant d'icelle d'ancienneté, et de la grange dite la Grange-au-Champ appartenant à icelle maison, laquelle maison m'est loisible faire rediffier, mettre en estat, refaire et relever, et la vanne dudit molin ainsi qu'elle estoit du passé. A cause de laquelle maison et seigneurie de Lisle, j'ay mes hommes et femmes de corps au lieu de Troyon, de conditions serviles comme de formariages et assises de blé pour leurs chevaulx au terme de la Sainct-Remy ; et à Pasques pour leurs corps et pour leurs bestes, assises d'argent, et telz et semblables que les subjectz de ladite mairie de Lisle audit Troyon, appartenant à mondit souverain Seigneur, onquel lieu de Troyon j'ay maire et justice, qui a la congnoissance sur mesdis hommes et femmes, de toutes actions personnelles ; desquelz hommes et femmes la déclaration s'ensuit : (suit l'énumération). Tous lesquelz faisans charue entière (1) doivent pour chacune charue ung muyd moitié froment et avoine à la mesure dudit Sainct-Mihiel, la demye charue demy muyd tel bled que dessus, payables au jour et terme de Sainct-Remy, pour les assises de chevaulx et charues, et pour les assises de leurs chiefs doivent au terme de Pasques pour chacun conduict

---

(1) On entendait par *charrue entière*, à la fin du dernier siècle, le labourage de quarante jours de terre en chaque saison. (*Mém. de la Soc. d'Archéol. lorr.*, 1891, p. 331).

deux gros. Les manouvriers, un setier par moitié froment et avoine audit terme de Saint-Remy pour chacun manouvrier, et audit terme de Pasques chacun six blans (1). Et peuvent monter par communes années environ à trois muys moitange montent et avallent et en argent environ à deux frans. Encore un petit gagnage séant on finage de Troyon, vulgairement appellé le gagnage de la Grange-aux-Champs, lequel peult valoir par communes années trois muyds, moitié froment et avoine à ladite mesure. Encor doibvent chacun conduict dudit Troyon par chacun an un bichot d'avoine de ladite mesure, en quoy mondit souverain Seigneur prent la moitié à cause de sadite mairie de Lisle, et moy l'autre moitié, lesquels peullent monter par communes années on ma part à environ douze bichot avoine. Encor la moitié on passage dudit Troyon partant (partageant) contre mondit souverain Seigneur pour l'autre moitié et peult valoir par an on ma part huict frans monte et avalle. Encor, la rivière qu'on dit l'eaue de Lisle, ainsi qu'elle s'entend et contient du long et du large à moy appartient, laquelle vault par commune année environ dix frans monte et avalle. Encor la chasse de cinq bœufs ez preis devant Troyon en lieudit en Pelcourt, qui peullent valoir par chacun an environ dix francs. Encor une pièce de prey séant on ban et finage dudit Troyon que l'on appelle le breul-des-quartiers, contenant environ huict faulcées et peult valoir par an douze frans monte et avalle. Encor une autre pièce de prey ondit ban, dit le breul-de-payen contenant environ cinq faulcées que peult valoir par année huict frans, monte et avalle. Encor une autre pièce de prey séant ondit ban appelé le baulprey contenant environ six faulcées, et peult valoir par an six frans, monte et avalle. Encor certaines menues rentes deues sur plusieurs héritages et maisons dudit Troyon au terme de Noël qui ne montent ny avallent pour le pourchot (?) du maire dit le maire de payen, audit lieu est deu par chacun an au terme de Noël douze gros, en quoy mondit souverain Seigneur prent la moitié et moy l'autre.....

Protestant toutefois si au présent adveu et dénombrement, j'avoye excédé et mis chose qui ne fut décente et raisonnable, asçavoir trop ou peu, que en ce pour le moins je puisse augmenter, et pour le trop corriger et diminuer et sans préjudice à nulluy. En tesmoing de ce, j'ay signé ce présent adveu et dénombrement de ma main et faict sceller de mon seel....., le douzième jour de novembre, l'an mil cinq cent trente et quatre. (*Arch. Meurthe*, B. 389, f° 371.)

(1) Le *blanc* valait cinq deniers tournois ou 12 centimes et demi.

III.
Déclaration des habitants de Troyon.
28 décembre 1706.

Le village de Troyon est situé sur la rivière de Meuze, à trois lieues au-dessous de Saint-Mihiel sur la droite........

La communauté est composée d'environ soixante habitans dont plusieurs sont pauvres.

S. A. Royale y est seigneur haut justicier, et il est moyen et bas avec M. d'Armonville (Hannonville) et M. Barrois, et Sadite Altesse a néantmoins toutes les amendes. Il y a un maire pour S. A. R. qui connoit et juge des causes civiles jusques à dix frans, le surplus est porté à la prévosté de Saint-Mihiel, et les causes du maire et de la prévosté sont portées par appel au bailliage, en dernier ressort à la Cour souveraine de Lorraine, attendu que Troyon est Barrois non mouvant.

Le patronage de la cure appartient au couvent des religieuses de Saint-Maur de Verdun, comme il est justifié par les lettres d'institution du 13 novembre 1698. La moitié des grosses et menues dîmes appartient aux chanoines de Sainte-Croix de Verdun, laquelle est affermée cinq cents livres. L'autre moitié est au curé.

La dîme se paie à l'onzième (*Voir la suite pages 87 et 64*)......

A l'égard des réparations de l'église, le chœur, qui s'étend jusqu'aux premiers piliers, est à la charge du curé, le reste est à la charge des habitans, le pavé et les voûtes. Les ornemens et autres choses nécessaires à l'église, même le pain et le vin nécessaires pour la messe sont fournis sur les revenus de la fabrique et subsidiairement par les habitans. Il y a environ trois pintes d'huile pour la lampe de l'église qui sont dues sur des maisons et autres héritages par différens particuliers. Il y a un quart de terre appellé *le pain à chanter,* destiné pour la fourniture du pain pour la messe, lequel est compris dans le gagnage ci-dessus.

La communauté fournit le taureau, pour raison de quoy il lui est dû une journée de paille d'orge et une journée de paille de seigle de trois batteurs chacune sur la grange aux dîmes ou sur la totalité de la dîme. La communauté est chargée des réparations de la maison curiale et ses dépendances, à la réserve des murailles du verger dont on n'est pas convenu ; le curé est chargé des réfections locatives.

Il y avoit autrefois une confrairie establie dans l'église de Troyon sous le titre de saint Roch, saint Sébastien et saint Isidore, avec ses revenus pour la dotation et rétribution des services y annexez, et d'autant que dans la suitte par les guerres ou autrement elle s'est trouvée négligée, l'on a trouvé à propos de la dévotion des peuples d'ériger la confrairie du Saint-Sacrement et d'y annexer l'ancienne confrairie, ce qui s'est fait avec l'agrément et la permission de l'Ordinaire par un décret au bas d'une requeste en datte du 8 may 1704, signé Jappin de la Tour, vicaire général, laquelle requeste contient aussi des statuts particuliers qui seront observez par les confrères.

Les obligations particulières de cette confrairie sont d'une messe haute du Saint-Sacrement tous les premiers jeudys du mois avec son exposition pendant la messe, qui est celle fondée originairement par le sieur Dognon.

L'ancienne confrairie estoit dotée ainsi qu'elle l'est à présent, unie comme il est dit cy-dessus, d'un gagnage de cinq jours de terre aux trois saisons, trois fauchées et demie de preix affermez à 36 livres, et une demie fauchée de prez laissée en particulier, et en outre de dix-neuf frans trois gros de rente dus par différens particuliers de Troyon.

Desquelles rentes et héritages il y a des contrats et pieds terriers ou inventaires qui sont dans le coffre des papiers de l'église. Sur lesquels revenus il y a dix-huit messes par an, une messe pour chaque confrère qui décède ; le surplus est employé aux ornemens et luminaire pour la décoration de la confrairie ; et au cas qu'il y ait des épargnes, des revenus bons de la dotation, ils seront employez à l'acquit du service ou à l'augmentation du service de la confrairie.

De tous quoy le présent verbal a esté dressé en exécution des ordres de S. A. Royale, et signé par le sieur curé, les officiers et les habitans, ce 28 décembre 1706.

Signé : *Guerrier,* curé, N. *Le Blan,* Pierre *Bouillout,* Jean *Adam,* Maurice *Gillon,* Jacques *Gillon,* Jean *Gossin,* François *Simonin,* N. *Fiot,* Claude *Paquin,* *Bertault* et Claude *Charlet.* (*Archives Meurthe,* B. 295, *Doyenné de Saint-Mihiel,* f° 45.)

IV.

Extrait du dénombrement original rendu par François de Bloise et vérifié par la Chambre des Comptes de Bar.

2 janvier 1709.

Je François de Bloise, chevalier, seigneur de Hannonville, etc.; connois et confesse et avoue par ces présentes lettres du dénombrement que je tiens en fief, foy et hommage, de très hault, très puissant et très excellent prince Léopold, duc de Lorraine et de Bar, roy de Jérusalem, etc., à cause de son dit Duché de Bar et bailliage de Saint-Mihiel, les fiefs, terres, seigneuries, droits, rentes et revenus qui s'ensuivent :

. . . .

Premièrement : La moitié en la seigneurie de Lisle avec le quart en celle de Troyon, et ce qui en dépend à Ambly, Bouquemont, Bannoncourt, Domseverin, ban et finage desdits lieux, dont le tout consiste en haute justice, moyenne, basse et foncière, avec établissement de maieurs et autres officiers, et tous autres droits suivant la coutume de Saint-Mihiel, les sujets d'icelle sont gens de corps, fort fuyance, fort mariage et de poursuites distincts et séparés audit Troyon de ceux de la prévosté de Saint-Mihiel, juridiciables par devant ma dite justice, chacun d'iceulx doit pour assises à la Saint-Remy de chacune année deux bichets de froment, une poule et deux gros ; j'ai aussi le droit de l'ancien four de Lisle audit Troyon ; dépend de ladite seigneurie le chasteau ou maison forte, situé dans l'isle de la rivière du mesme nom, laquelle place avec les héritages contegu (*sic*), terre ou accruë de Lisle y jointe et contenue entre huit bornes, est assencée à la communauté dudit Troyon, pour les tenir en nature de prés ou chennevières, moyennant quatre-vingts bichets d'avoine qu'ils me doivent paier et délivrer par leur syndic sur mon grenier à Saint-Mihiel, chaque an au jour de Saint-Martin d'hiver ; nonobstant que je voudrois, ou mes héritiers, réédifier ladite ancienne maison ou le moulin sur ladite rivière, les dits habitants seroient attenus de me laisser la place desdites maison et moulin avec ce qui estoit joignant en halle ; le petit gagnage de la Grange-au-Champ en est aussi, lequel porte dix-huit jours de terre ou environ. J'y ai de mesme ladite rivière de Lisle, pêche, tenderie, accrue, tous autres droits, émolumens d'icelle, laquelle fait le bras droit de la rivière qui sort au bout haut de la prairie dudit Troyon et continue en descendant jusqu'à ce qu'elle est rejointe. J'ai droit de cinq bœufs de chasse en la prairie de ladite l'eau (Dilaleau) ; j'y ai vingt fauchées de prés en trois pièces, savoir : le Grand breuille de huit fauchées, le Petit breuille de six et encore le Baupré de six fauchées ; outre ce, deux fauchées pour la moitié de quatre, l'autre moitié est du domaine de ladite prévosté de Saint-Mihiel avec laquelle je partage les autres rentes qui s'ensuivent dont la levée se fait par les officiers conjointement avec les miens, de même que des menues rentes avant dites à Bannoncourt ; est deub par chacun an, au jour de Saint-Remy, un bichet d'avoine par chaque feu et conduit audit

Troyon, hors que les clercs et les nobles en sont exempts ; sur divers maisons et héritages vingt bichets de seigle, vingt d'avoine, trente et une poules, trois chapons, deux gros, deux deniers ; le petit passage du lieu en est avec la traverse d'Ambly ; et audit lieu, à la prairie de Fontenois, il y a trente fauchées un quart de pré qui doivent onze gros quatre deniers.

Les revestures sont deuë par tous par chacune pièce à tous changeurs de porteriens (possesseurs, tenanciers), avant que les mettre en possession et dans quarantaine sur l'amende ; de laquelle seigneurie dépend la moitié au droit de l'ancien four banal au village de Lacroix-sur-Meuse, et la place où il étoit anciennement, de mesme que quelques prés et le moulin dudit Lacroix, duquel la propriété est contestée par les officiers de S. A. R. ; au sujet de quoi il y a procès intenté il y a longtemps.....

Vérifié ....., etc., et fait en la Chambre du Conseil et des Comptes du duché de Bar, le mardy deuxième janvier mil sept cent neuf. D'Alençon, président, Noirel, de l'Escamoussier, Jobart, de Bonnet, Hannel l'aîné, de Bar, rapporteur, Delamorre, secrétaire, Maillet, Hannel le jeune et Lepaige, tous conseillers et maistres en ladite Chambre, présens et témoins de ce que le présent dénombrement a esté signé de trois noms cy mis ; fait double. Signé : *Alençon,* président, *de Bar,* rapporteur, *Delamorre,* secrétaire. (*Arch. Meuse,* B. 389.)

V.

Déclaration faisant suite au dénombrement du 6 avril 1764 du sieur Jacques-François Viénot, seigneur de Lisle.

Déclaration des droits, cens, rentes, terres et autres immeubles ou redevances dépendants de la seigneurie de Lisle, sise à Troyon, et appartenant à noble Jacques-François Viénot, avocat à la Cour souveraine de Lorraine et Barrois, demeurant à Saint-Mihiel, en vertu de l'acquisition qu'il a faite de moitié de ladite seigneurie de dame Marguerite-Françoise de Barrois, douairière de messire Louis, comte de Boursier, baron de Monthureux, par contrat du 5 mai 1751, et de l'autre moitié de messire Mathias, comte d'Alençon, chevalier, seigneur de Lacroix, Saudrupt et autres lieux par contrat du 17 décembre 1757.

Droits et héritages dépendants pour le tout de ladite seigneurie.

1. — Une rente annuelle et perpétuelle de quatre-vingts boisseaux (*sic*) d'avoine mesure ancienne de Saint-Mihiel duë par la commu-

nauté de Troyon, et par elle délivrable en une seule fois par les mains de son syndic, au jour et terme de Saint-Martin de chaque année en la ville de Saint-Mihiel, sur les greniers dudit seigneur de Lisle, si requise en est.

2. — Le droit de tenir et mettre annuellement, depuis le jour de saint Georges jusqu'au lendemain de saint Jean-Baptiste, cinq bœufs de chasse dans la prairie dite de Troyon, nommée *Doutrelau* ou *dit le laleau,* anciennement devant Pécourt. Ce droit n'a lieu que jusqu'à la veille de Saint-Jean à midy.

3. — La rivière de Lisle qui sort de la rivière de Meuse vers le bout haut de la prairie de Troyon ez environs de Woimbée, et coule en descendant sur le ban dudit Troyon à droite de ladite rivière de Meuse à laquelle elle se joint et réunit au-dessous de Bouquemont.

4. — Une pièce de pré nommée le Grand breuil, ou le Breuil des quartes, contenant huit fauchées, lequel a pour royers la cure de Troyon au septentrion ou du côté de Verdun, Jean Henry au midy, la rivière de Lisle à l'orient, et les aboutissants au couchant.

5. — Une autre pièce de pré contenant six fauchées, nommée le Petit breuil, laquelle a pour royers Jean Gossin au septentrion, et la fabrique au midy, les aboutissant.

6. — Au couchant de la rivière de Lisle, il y a cependant entre le Breuil et ladite rivière une languette de pré possédée par la commune de Troyon.

7. — Une autre pièce de pré, nommée le Beaupré, contenant également six fauchées et qui a pour royers le domaine d'une part, et la demoiselle de Forvillers d'autre.

8. — Un petit gagnage composé de terres et nommé la Grange au Champ, dont le détail suit :

Saison de Champigneulle.

9. — Une pièce de huit jours lieudit à la Crouée, icelle abornée, et ayant pour royers le domaine vers Troyon, d'une part, et François Pécourt ancien, représentant les héritiers de Demange Lepage vers Lacroix, d'autre.

10. — Une autre pièce de deux jours assise près de la précédente, plus vers Lacroix, icelle abornée à un bout, la veuve Jean Laurent représentant Nicolas Henry vers Troyon, d'une part, et Jean Gossin d'autre.

11. — Un jour sous le Mont, Louise Gillon, veuve Claude Henry, vers Lacroix, d'une part, et Ignace Le Blan, représentant Laurent Legagneur, d'autre.

Saison de Labeuvaux.

12. — Trois quarts à l'entrée du Vauzel, dit au Champ Peuchot, Jacques Gillon vers Troyon, d'une part, et Nicolas Dognon, représentant à cause de sa femme Jeanne Gillon, vers Lacroix, d'autre.

13. — Un quart et demy au Vauzel, le domaine vers les bois, d'une part, Claude Georges, représentant Robert Lahausse et sa femme, d'autre.

14. — Un jour au poirier Larade, ci-devant dit le Loup, les héritiers de la veuve Nicolas Gillon, représentant Jacques Gillon vers le bois, d'une part, et François Henry, faisant tournière à l'autre rive.

15. — Demy-jour à Fontenelle, le domaine de la cure d'une part et Nicolas Dognon d'autre.

16. — Demy-jour au Poirier Fienne, Jacques Gillon d'une part et Nicolas Le Blan d'autre.

Saison de la Grande-fin.

17. — Trois jours lieudit à la Crouée, le domaine vers Lacroix, d'une part, et les héritiers de Jean Gillon, représentant Jean Simonin, d'autre.

18. — Demy jour au Blossier de Lignière, le domaine vers Lacroix, d'une part, et Jean Henry d'autre.

19. — Trois quarts audit Lignière, faisant tournière.

20. — Un jour à l'entrée de Lignière, dit au Sugnon.

Droits et héritages dans lesquels le seigneur patrimonial de Lisle ne prend que moitié, l'autre moitié appartenant au domaine du Roy.

21. — Une rente nommée la rente des feux, qui est telle que chacun conduit dudit Troyon doit annuellement au jour et terme de Saint-Remy un bichet d'avoine mesure de Saint-Mihiel.

22. — Le passage de Troyon et traverse d'Ambly, qui est tel que chaque char chargé doit un sou, la charrette deux liards, le cent de bêtes blanches (bêtes ovines) une d'elles ; lorsqu'il y a moins que le cent, un liard par tête ; chaque bête à cornes trois blancs. Les sujets de la prévôté de Saint-Mihiel sont exempts de cette prestation.

23. — Un pré nommé le Petit-Pas, contenant dix fauchées.

24. — Une autre pièce de pré dit les Quarelles ou les Amris, d'une contenance de deux fauchées et vingt-trois verges.

25. — Un autre dit aux Layottes, le seigneur évêque de Verdun d'une part, d'une superficie de cinq quarterons et douze verges.

26. — Il est dû par les porteriens d'une contrée de terre dite au

haut des Poiriers entre les deux bois, contenant environ huit jours, deux bichets de froment au jour de Noël de chacune année et qui se paient en saison vide (jachère) comme saison pleine; (le sieur de Verneuil pour deux tierces).

27. — Il est dû au même jour sur deux autres contrées de terre contiguës l'une à l'autre, qui contiennent douze jours, dont l'une est nommée le Saut haut et l'autre le Saut bas, trois bichets de blé qui se paient aussi par chaque année vide ou pleine; (la demoiselle de Forvillers pour un demy-jour).

28. — Il est dû annuellement au même jour un bichet de froment sur un jour de terre au Cugnot, lieudit au-dessus du Champ-Peuchot.

Il est dû annuellement sur les héritages ci-après désignés en la saison de Labeuvaux, et lorsqu'ils ont été emblavés, cinq setiers de rente de tel grain qu'ils ont porté. Ils sont exempts de ladite prestation en année de versaine (jachère). Cette rente se paie à la Saint-Remy.

29. — Un bichet sur une pièce de deux jours nommée le Champ aux arhes.

30. — Deux bichets sur une autre pièce de terre dite le Cugnot, au-dessus du Champ aux arhes.

31. — Un bichet sur une terre joignant celle cy-dessus, frappant sur la prairie, et dessous le Mont, joignant le ruisseau du moulin.

32. — Deux bichets sur une autre pièce appelée le Vauzel-Gillon.

33. — Deux bichets sur une terre nommée le Champ Roger ou Rehée.

34. — Et finalement deux bichets sur une autre pièce de la contenance de deux jours situés delà l'Eau, à présent dite la pièce Dillioux.

Il est dû pareille rente de cinq setiers (1) de l'espèce de grain que les terres ont porté, au même jour et sur les héritages ci-après détaillés situés en la saison de Ramblonvaux, savoir :

35. — Quatre bichets sur une pièce de terre nommée le Champ la Dame, contenant quatre jours.

36. — Deux bichets sur une terre nommée le Champ Lohi, contenant deux jours.

37. — Deux bichets sur une pièce dit aux Foizes, contenant deux jours.

38. — Deux bichets sur deux pièces au Poirier Vannesson, contenant deux jours.

Il est encore dû au même jour pareille rente de cinq setiers de

---

(1) Le setier dont il est question ici valait donc cinq bichets ou 340 litres environ.

l'espèce de grain que les terres ont porté, sur les héritages cy après exprimés, situés en la saison de Champigneulle, savoir :

39. — Un bichet sur le Champ Couty, de la consistance d'un jour, appartenant pour moitié à la fabrique et pour l'autre aux héritiers de Maurice Gillon, dit le *pain à chanter;*

40. — Un bichet sur le Champ Martin, l'héritage de la cure d'une part;

41. — Deux bichets sur une terre nommée le Champ Valence;

42. — Deux bichets sur deux jours de terre au dessous du Poirier d'entre les deux Bois;

43. — Cinq bichets sur cinq jours de terre suivant ceux cy-dessus.

44. — Il est dû par chaque année 30 poules et deux chapons affectés sur les immeubles cy après et par les possesseurs d'iceux, savoir : 1° Par François Zambaux, sur sa maison située en la rue de la Fonderie, 2 poules ; 2° Par Nicolas Baudier, sur sa maison en ladite rue, 2 poules ; 3° Par Jean Henry, sur sa maison en la même rue, Nicolas Baudier d'une part et le grand chemin d'autre, deux poules ; 4° Par Joseph Le Blan, sur sa maison en la même rue, joignant le grand chemin, une poule et demie ; 5° Par la veuve de François Jacquet, sur sa maison en ladite rue, une poule ; 6° Par Sébastien Jacquet et Pierre Dion, sur leur maison en la même rue, la veuve Jacquet d'une part et la ruelle d'autre, une poule ; 7° Par Gœury Livorin et François Le Blan le jeune, sur leur maison et meix (jardin) en ladite rue, la ruelle d'une part, 2 poules et un tiers de poule ; 8° Par Nicolas Henry, sur sa maison en ladite rue, 2 poules ; 9° Par Cuny Lepage, la veuve de Thierry Livorin et la veuve de Dominique Gay, sur trois maisons contiguës l'une à l'autre en la même rue, 3 poules ; 10° Par le sieur curé de Troyon et les chanoines de Sainte-Croix de Verdun, sur leur grange aux dîmes, deux poules ; 11° Par les veuves et héritiers de Pierre Le Blan, sur leur meix dit la Haye, le sieur curé d'une part, le chemin d'autre, 2 poules ; 12° Par les héritiers de Pierre Le Blan, dite au même lieu, 1 poule ; 13° Par les héritiers de Nicolas Burlin, sur leur meix dit au même lieu, le sieur curé d'une part, 2 poules ; 14° Par Cuny Le Page, pour son meix dit au même lieu, 3 poules ; 15° Par la veuve François Bouilloux, sur son meix dit à la Haye, une demi-poule ; 16° Par François Le Blan, Nicolas Dognon et Ignace Le Blan, sur un champ aux Burles, 1 poule ; 17° Par la veuve de Maurice Gillon, sur un champ aux Burles, une demy poule ; 18° Par Jean Henry, sur un champ au même lieu, une demy poule ; 19° Par les héritiers Antoine François de la Haye, de La Croix, sur un pré du Grand breuil, une demy poule ; 20° Par Joseph Le Blan, sur un champ aux Burles, une

demy poule; 21° Par Barbe Baudier, sur son pré au Grand breuil, une demy poule; 22° Il est dû sur la maison d'école, située en la rue de Massin (?), le chemin d'une part, et les héritiers Massin d'autre, un chapon; 23° Sur une chenevière située au bout du village, un demy chapon; 24° Sur un enclos aboutissant sur Sartelle, la fabrique d'une part, un demy chapon.

45. — Il est dû annuellement 8 deniers sur un héritage nommé le Champ Bertrand, situé lieudit Lignière, contenant deux jours.

46. — Il est dû encore annuellement 8 deniers sur une pièce de pré nommé la haie de Sartelle.

La présente déclaration a été dressée et fournie en conséquence de l'obligation imposée dans nos baux, par nous Joseph Le Blan, marchand, Nicolas Gillon, maître de la poste aux chevaux, Jean Tridon, laboureur, et Joseph Zambaux, maître pêcheur, tous amodiateurs des fermes de la seigneurie de Lisle, savoir : ledit Zambaux, de la rivière et du pré le Petit-Pas, et lesdits Le Blan, Gillon et Tridon, de tous les autres biens, rentes, et revenus qui en dépendent; et donnée conforme à la jouissance que nous avons eue par nous ou par nos pères de toutes les parties qui le composent depuis plus de quinze ans, ayant joui chacun à notre égard et sans empêchement quelconque, comme nous en jouissons encore, de tous les droits et choses y mentionnés, et sauf et sans préjudice aux autres droits et rentes que mondit sieur Viénot prétend encore dépendre de ladite seigneurie, et lesquels nous ne rapportons pas ici pour n'en avoir rien perçu depuis que nous sommes fermiers; en foi de quoi nous avons signé avec le doyen chargé depuis plusieurs années du recouvrement et levée des cens et rentes communes entre le domaine et mondit sieur Viénot, et avec les maire et officiers de la communauté et anciens habitans qui, après avoir lu et examiné la présente déclaration, l'ont trouvée juste et conforme à l'état de la possession actuelle, après lecture réitérée, à Troyon, le 6 avril 1764 (1). Signé : *Viénot*, etc.

Enregistré sur les registres des dénombrements de la Chambre en exécution de l'arrêt de vérification de celui rendu par mondit sieur Viénot, et vérifié aujourd'hui 15 avril 1769, par le greffier de la Chambre des Comptes de Bar soussigné (*Arch. Meuse*, 317).

---

(1) Nous donnons tout au long ce document, parce qu'il fait connaître dans tous ses détails l'état de la seigneurie de Lisle et Troyon lorsque survint la Révolution française.

TABLE DES MATIÈRES.

	Pages.
Avant-propos	1
Mesures, poids et monnaies cités	3

TROYON 5

	Pages.		Pages.
Aspect physique	8	Établissements divers	51
Orographie et hydrographie	8	Mayeurs et Maires	53
Climat	10	Instruction primaire	55
Géologie	11	Instituteurs	56
Flore et faune	12	Institutrices	57
Le village	14	École maternelle	57
Le territoire	19	**Culte**	57
Voies de communication	26	Église	58
Population	28	Cimetière	62
État civil	28	Presbytère	62
Caractère, éducation, moralité	33	Domaine de l'église	63
Coutumes locales	33	Cloches	65
Langage	37	Fabrique	66
État sanitaire	38	Fondations	70
Agriculture, Commerce, Industrie	40	Confréries	75
		Curés de Troyon	78
Industrie	45	**Histoire**	85
Commerce	46	Décimateurs et censiers	85
Livre d'Or	46	Lisle-en-Troyon	90
Administration civile	47	Période révolutionnaire	93
Finances	47	Éphémérides	96
Invasions	49	**Écarts**	111
Assistance publique	50	Palameix	111
		L'Iscrâle	115
		Jossecourt	116

PIÈCES JUSTIFICATIVES.

Pages.

I. Dénombrement de Jacques d'Aspremont pour Wassecourt, Troyon et Jossecourt (31 oct. 1457)...................... 118

II. Dénombrement de Philippe de Nouroy pour Lisle-devant-Jossecourt et Troyon (12 nov. 1534)........................ 120

III. Déclaration des habitants de Troyon (28 déc. 1706)........... 122

IV. Extrait du dénombrement original rendu par François de Bloise et vérifié par la Chambre des Comptes de Bar (2 janv. 1709).. 123

V. Déclaration faisant suite au dénombrement du 6 avril 1764 du sieur Jacques-François Viénot, seigneur de Lisle........... 125

FIN DE TROYON. HISTOIRE ET STATISTIQUE.

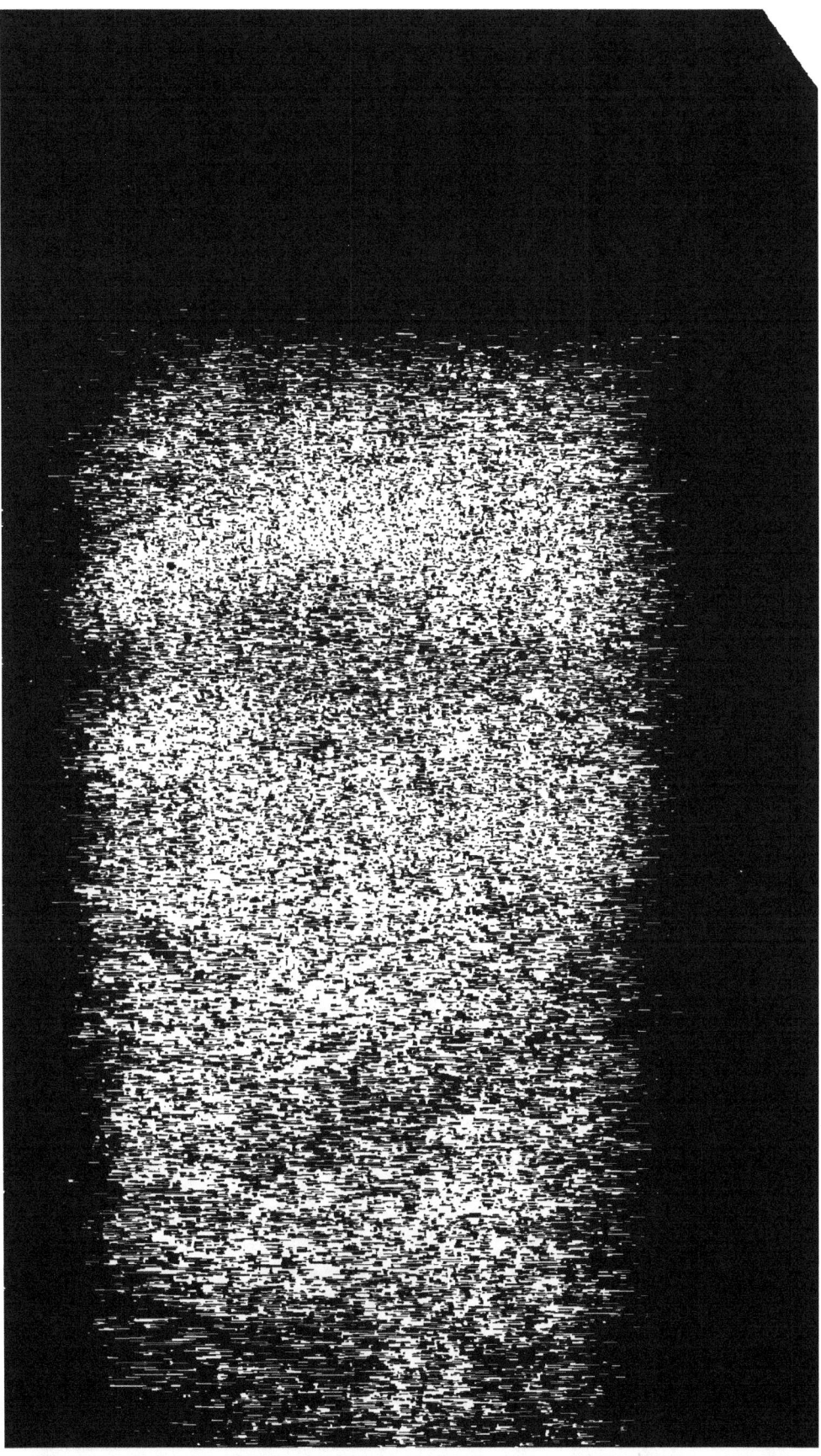

www.ingramcontent.com/pod-product-compliance
Lightning Source LLC
Chambersburg PA
CBHW060140100426
42744CB00007B/840